JN418845

그리움의 차도

그리움의 茶道

후산 이근수의 풀잎연가

이근수 지음

순향처럼 번지는 자연의 음악

녹차엔 네 가지 향이 있다고 합니다. 진향眞香, 난향蘭香, 청향淸香과 순향純香입니다. 그중에서 순향은 순수한 자연의 향기입니다. 겉으로 드러나는 외면과 보이지 않는 진면목이 일치할 때 진솔한 순향이 풍겨난다고 합니다. 차 맛도 그렇고 다기도 그렇습니다. 우리가 살아가는 삶의 길도 다르지 않겠지요. 사람의 생활과 언행, 모든 글, 모든 예술은 바로 그 사람의 표현일 것입니다.

장엄하고 황홀하면서도 소박하기만 한 차 세계의 문을 열고 들어선 것이 올해로 30년이 됩니다. 녹차 향기처럼 순향을 풍기는 사람이 되고자하는 바람이 길다면 길고 짧다면 짧은 이 길을 지금까지 이끌어온 것 같습니다. 그 사이 대학에선 정년퇴직을 했습니다. 차 역사만치 긴 30년의 교직생활이었습니다. 재직 중에 개설했던 '차 문화의 과학과 미학', '차 문화의 미적 경영', 두 과목은 지금도 계속 강의를 맡아 학생들을 만나고 있습니다. 『풀잎에 띄우는 연서』에 이어 두 번째 산문집인 『푸른 화두를 마시다』를 펴낸 지도 벌써 7년이 되었습니다.

대학 강단에서 회계학을 가르치며 차와 함께 그리고 춤과 함께 반평생을 살아오면서 후산後山이란 호를 즐겨 썼습니다. 이 이름을 쓰면서 그리운 뒷동산, 혹은 멀리 물러나 있는 큰 산의 이미지를 떠올리며 성악 중의 '바리톤'이란 소리와 비교를 해보곤 했습니다. 바리톤은 테너와 베이스 사이의 음색으로, 악기 중에서는 오보에나 호른, 색소폰과 잘 어울립니다. 테너처럼 튀지는 않지만 베이스처럼 숨은 소리도 아닙니다. 앞장서서 나서진 않지만 언제나 그곳에 있으면서 굳건하게 버텨주는 뒷산처럼 믿음직한 소리입니다. 장자가 예술을 논하면서 "최상의 음악이란 먼저 사람의 일을 따르되 하늘의 이치를 좇고 다섯 가지 덕을 행하면서 자연의 소리에 순응하는 것"이라고 했던 말이 기억납니다. 가장 인간적이면서도 자연스러운 것이 최상의 음악이며 최고의 예술이라는 뜻일 것입니다.

현직에서의 은퇴는 있어도 차 생활에서의 은퇴는 있을 수 없겠지요. 오히려 번잡한 세상을 벗어나 삶과 차가 하나 되어 성악의 바리톤처럼 진정한 뒷산으로 남을 수 있는 새로운 삶이 시작될 것을 바라고 있습니다.

세 번째 '차의 책'을 펴냅니다. 지난 7년 동안 이런저런 차의 마음을 담아 써둔 글을 모아 『그리움의 차도茶道 — 후산 이근수의 풀잎연가』란 제목을 붙였습니다. 그리움은 언젠가 우리가 가졌던 것에 대한 노스탤지어입니다. 그러나 그리움은 또한 다시 만날 것을 믿는 기다림이기도 합니다. 혼자지만 두 개의 찻잔을 앞에 놓고 앉습니다. 연녹색 찻물이 두 잔 가득히 채워집니다. 한 잔은 나의 것이지만 또 한 잔은 그리운 사람의 것입니다. 초의가 흰 구름 밝은 달을 손님으로 모시고 혼자서 차상에 앉아 있는 모습이 떠오릅니다. 둥그런 다관 안에서 찻잎이 따뜻한 물을 만나 자신의 속 이야기를 아낌없이 풀어냅니다. 차를 마신다는 것은 바로 풀잎에 대한 이러한 그리움이 아닐는지요.

새로운 밀레니엄 21세기의 문이 열린 지도 벌써 15년입니다. 과학과 의술은 끝 모를 발견과 발전을 거듭하지만 지금만치 사람들이 외로운 시대, 기다림을 잃은 시대, 그래서 어느 때보다도 더욱 그리움이 아쉬워지는 시대는 없었던 것 같습니다. 오랫동안 차를 통해 체험했던 삶과 자연의 신비를 그리움의 차도에 담아 함께 나누고 싶은 마음입니다. 글을 읽는 중에 차의 마음을 공유하고 그리운 사람을 그리워하며 그와 함께 참삶의 여유를 함께 나눌 수 있기를 바랍니다. 어느 시인이 이렇게 노래했습니다.

외로울 적에
마음 답답할 적에
뒷산에 올라가 마음을 벗는다
나무마다 하나씩 마음을 걸어두고
노을을 받으며 드러눕는 그림자
돌아갈 곳이 없는 빈 몸이다
뒷산은 뒷산은 내 몸이다.
무겁게 끌어온 신발의 진흙더미
서리감겨 살을 에는 하루의 바람
모두모두 부려놓는
뒷산은 뒷산은
울먹이는 내 몸이다.

— 신달자, 〈뒷산〉

외롭고 답답할 때 뒷산에 올라 마음을 벗는다는 시인의 노래처럼 차 한 잔 앞에 놓고 삶의 무거움을 하나씩이라도 부려놓으시길 바랍니다. 비워지는 찻잔처럼 마음도 비워져갈 것을 믿습니다.

2015, 을미년 우수雨水 날에
북한강변 화도읍 구암리 후산퇴수재에서

깊은 물은 고요하다, 수심강정水深江靜

後山 李槿洙

생명
한 줄기 희망이다
캄캄 벼랑에 걸린 이 목숨
한 줄기 희망이다

돌이킬 수도
밀어붙일 수도 없는 이 자리

노랗게 쓰러져 버릴 수도
뿌리쳐 솟구칠 수도 없는
이 마지막 자리

어미가
아기를 껴안고 울고 있다
생명의 슬픔
한 줄기 희망이다

— 김지하, 〈생명〉

차례

제1부

차의 미학과 과학

제2부

다심, 선심, 무심

제3부

그리움, 그때 그곳 그 사람들

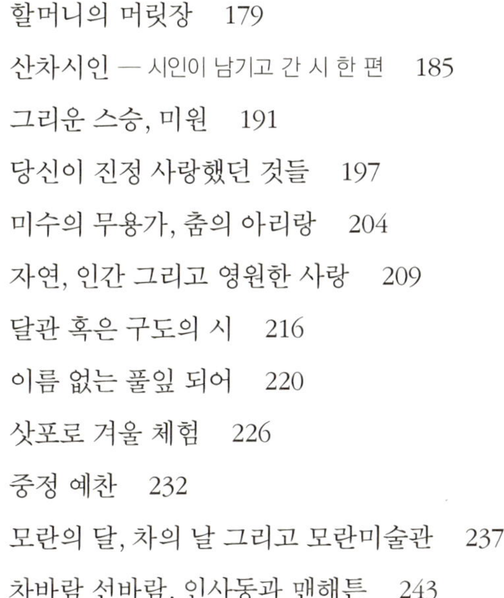

난초 화분의 휘어진
이파리 하나가
허공에 몸을 기댄다

허공도 따라서 휘어지면서
난초 이파리를 살그머니
보듬어 안는다

그들 사이에 사람인 내가 모르는
잔잔한 기쁨의
강물이 흐른다.

— 나태주, 〈기쁨〉

제1부

차의 미학과 과학

왜 차의 미학인가

차는 차茶; cha 또는 티tea란 명칭으로 통용된다. 우리나라를 비롯해서 중국이나 일본, 베트남, 포르투갈 등에서는 차cha라고 부르고, 몽골, 러시아, 폴란드, 터키 등에서는 차이chai 또는 chay로 불린다. 중국의 톈진산맥을 넘어 서쪽으로 가면서 차는 점차로 티t 발음을 갖게 된다. 영국, 미국, 헝가리 등에서는 티tea가 되고 독일, 이탈리아, 스페인, 스웨덴, 노르웨이, 핀란드, 덴마크 등 대부분 유럽국가에서는 테te 또는 테에tee로 변형되어간다. 명칭에서 알 수 있듯이 차를 마시지 않는 나라는 지구상에 없다고 해도 과언이 아니다. 물 다음 많이 마시는 인류의 음료가 될 정도로 차가 보편화된 것이다. 우리나라에서는 다방, 다식, 다도, 다반사에서처럼 차가 때로는 다茶; tha로 발음

된다. 한 나라에서 동양식과 서양식 발음이 혼재되어 사용되고 있는 것은 한국이 유일한 예인데 그 나름의 특별한 의미를 부여할 수 있을 것이다.

차의 종류가 다양한 데 비해 차나무는 오직 한 종류뿐이라는 사실도 재미있다. 원산지인 중국 쓰촨성이나 윈난성 등 중국 서남부 내륙 지방에서 발견되어 수천 년 동안 아시아 지역에서 즐겨 마시던 차가 17세기 이후 불과 400년 만에 전 세계로 퍼져나간 사실도 재미있긴 마찬가지다. 동양의 차가 유럽으로 처음 수출된 후 세계 인류의 보편적 음료가 되기까지 차가 원인이 되었던 역사적인 사건들도 많다. 미국의 독립전쟁과 중국의 아편전쟁은 물론이고, 임진왜란을 도자기 전쟁이라 부르며 그 단초를 차에서 찾는 학자들도 있다. 차마고도茶馬古道와 실크로드 역시 차를 중심으로 한 동서양의 교역로였다. 동서양을 가리지 않고 차는 생활인 동시에 문화였으며 문화 중에서도 역사와 전통을 지닌 고유 문화로서 도자기와 건축, 시문 등과 결합된 종합적 성격의 고급 문화인 것이다.

차라고 하면 먼저 '다도茶道'를 떠올리는 사람들이 많다. 절에서 차를 처음 체험한 사람들이 많고 선다일체禪茶一體 혹은 다선일미茶禪一味란 말에 친숙해진 때문일 것이다. 그러나 다도란 본

차의 종류가 다양한 데 비해 세상에 차나무는 오직 한 종류뿐이라는 사실도 재미있다.

래 일본식 용어이다. 찻잎을 찧어 덩어리 모양으로 보관하다가 이를 미세한 가루로 빻아서 물에 끓여 마시던 송나라와 고려 때의 행다行茶 풍습이 일본으로 건너간 후 다도로 발전하게 된 것이다. 차가 도가 되었다고 해서 나쁠 것은 없다. 그러나 지나치게 격식화된 일본식 차 풍습이 역수입되어 자연스러운 한국적인 차 생활의 예법, 즉 차례茶禮; 다례를 복잡하게 하고 생활로부터 괴리를 가져오게 한다면 환영할 일은 아니다.

일본이 다도를 숭상한다면 중국에서는 차의 덕을 중시한다. 염제 신농에 의해 차가 처음 약초로 발견되어 물 대신 혹은 약용으로 발전한 것에서나, 정행검덕精行儉德을 차인의 정신으로 숭상하고 차의 아홉 가지 덕〔九德〕을 강조해왔다는 데에서 이러한 추론이 가능하다. 중국에서 한반도로 차가 처음 건너왔고 문화적으로 중국의 영향을 많이 받아왔음에도 우리나라의 차 문화는 중국과 다른 면이 많다. 차를 만드는 법이나 마시는 방법, 차에 대해 부여하는 가치 등의 면에서 다르고 덕德이나 도道적인 면보다는 차 본래의 맛과 멋을 중시하는 것이다. 일본의 다도, 중국의 차덕茶德과 비교해서 말한다면 차미茶美란 말이 우리나라에선 가장 적절할 것이다. 차에서 아름다움을 찾고 차의 예술을 논할 수 있는 근거는 여기서 출발한다.

예술은 생래적으로 아름다움을 표현한다. 소리나 색채, 형상이나 움직임, 이야기 구성 등은 각 장르예술이 아름다움을 표현하기 위해 갖고 있는 특정한 표현수단들이다. 예술이 추구하는 아름다움이란 무엇일까. 아름다움에 대한 판단은 주관적인 것이다. 칸트는 '사람을 기쁘게 하는 것이 아름다움'이라 했고 프랑스 예술철학자인 찰스 랄로Charles Lalo는 '아름다움은 힘'이라고 했다. 아름다움의 본질을 자연에서 찾는 사람들도 많다. 자연의 묘사와 자연이 주는 영감을 강조한 레오나르도 다빈치, 빅토르 위고, 러스킨 등 예술가들, 그리고 지극한 음악(예술)은 '하늘의 이치를 좇고 자연에 응하는 것順之以天理 應之以自然'이라고 갈파한 장자도 있다. 차는 어떠한 아름다움을 표현하는 것일까.

사람들은 차에서 단순한 마실 거리를 넘어선 색, 향, 미의 아름다움을 찾는다.

차는 자연이 주는 산물이지만 사람들은 차에서 단순한 마실 거리를 넘어 '색향미'의 아름다움을 찾는다. 겉으로 드러나는 색色, 향香, 미味와 함께 차가 주는 효능效能과 다기茶器의 미를 포함해 '색향미효기'의 다섯 가지를 차의 오미五美로 말하기도 한다. 차를 마시는 마음〔心〕과 행다의 예절〔禮〕을 추가하면 일곱 가지 아름다움이 되고 여기에 시서화詩書畵를 어우르면 차는 예藝가 된다. 이제 이 중에서 차향과 차색, 차미의 아름다움을 찾아나서 보자.

차향은 추사 김정희가 "고요히 앉은 차 자리가 무르익어가며 향기기 피어나기 시작하고靜座處茶半香初"라고 묘사했던 대로 눈으로 차색을 보거나 혀끝이 맛을 느끼기 전에도 알아챌 수 있는 아름다움이다. 눈을 감고 있을 때 더욱 잘 드러나는 차에 대한 우리 몸의 첫 번째 반응인 것이다. 인체 중에서 코가 느끼는 냄새지만 차인들이 오래 전부터 '향내를 맡는다'고 할 때 '문향聞香'이란 말을 애용해오고 있는 것을 보면 차향이란 코로 맡을 수 있는 좋은 냄새라는 실용적 측면과 함께 고요한 가운데 귀로 느낄 수 있는 정신의 향기를 포함하는 것이 아닐까 한다.

향기가 귀와 코의 합작으로 인식되는 아름다움이라면 차색은 눈의 몫이다. 불소의 황금색과 엽록소의 푸른색이 따뜻한 물속에 함께 용해되면서 이루어내는 맑은 녹황색은 부드럽고 싱싱한 자연의 아름다움을 표상한다. 녹색은 찻잎의 엽록소 때문인데 제조 과정에서 엽록소가 파괴되어버린 오룡차나 보이차, 홍차 등 발효차들은 녹색 대신 황갈색이나 붉은색을 띠게 된다. 같은 녹차라도 제조 방법에 따라 차색은 달라진다. 수증기로 쪄내는 일본식 증제녹차는 한국의 덖음녹차보다 더욱 진한 녹색을 띈다. 한국 전통방식으로 솥에서 덖어 제조한 녹차를 우려낸 우리 차의 색깔은 이른 봄에 솟아오르는 자연 찻잎 그대로의 빛깔이다. 연하고 부드러운 녹색을 띄며 바라보는 사람들에게 여

이른 봄, 연둣빛 새 잎이 돋는 차나무의 모습.

유룝고 차분한 느낌을 준다. 녹차 자체가 갖는 찬 성질을 보존하고 있으면서도 따뜻한 물 때문인지 차갑기보다는 포근하고 정겨운 것이다.

우려낸 차에서 우리가 발견하는 세 번째 아름다움이면서 가장 본질적인 차의 아름다움은 독특한 맛에서 나온다. 혀가 느끼는 차 맛은 일반적으로 분류되는 단맛, 쓴맛, 짠맛, 신맛의 4원미元味와 이에 추가되는 떫은맛, 감칠맛, 매운맛 등 제5미의 조화 때문이라고 말해진다. 차가 포함하고 있는 카테킨과 카페인 성분 때문에 쓴맛이 나고 아미노산류 중 중심성분인 테아닌과 유리환원당이 단맛과 감칠맛을 낸다. 찻잎을 많이 넣었거나 너무 뜨거운 물을 찻잎에 부었을 때, 또는 차를 우려내는 시간이

길었을 때 쓴맛과 떫은맛이 강해진다. 반대의 경우에는 차 맛보다 물맛이 많이 난다. 차 맛의 진정한 아름다움은 잘 덖어진 차와 맑은 물 외에 팽주烹主(차를 우려내는 사람)의 정성과 손맛을 낼 수 있는 오랜 경험, 또 미묘한 맛의 차이를 분별할 수 있는 혀끝의 예민함을 통해서 찾아질 수 있을 것이다. 좋은 찻잎이 갖고 있는 차 고유의 성분들이 맑은 물을 만나 따뜻한 온도 속에서 스스로 융화하며 만들어내는 신비스러운 맛은 다른 어떤 음료나 다른 차가 흉내 낼 수 없는 우리 녹차의 진정한 아름다움이라 할 수 있다. 찻잔 옆에 시 한 편이 더불어 있어준다면 차는 더 아름다워지고 차의 미학은 완성되어가는 것이 아닐까.

차에도 도가 있다면

뉴욕 한국학교에서 학부모들을 위해 차 강의를 한 적이 있다. 맨해튼 북쪽 브롱스 지역에 있는 존에프케네디고등학교의 교실을 빌려 토요일마다 열리는 학교로, 한글과 한국문화를 배우는 해외동포 자녀들이 초등반부터 고등반까지 200명쯤 다닌다. 아이들을 교실에 들여보내고 공부가 끝나기를 기다리는 동안 부모님들을 위한 교양강좌가 열린다. 교실에 들어가니 칠판에 '다도강좌'라고 쓰여 있다. 나는 얼른 '도道' 자를 지우고 강좌 제목도 '차 이야기'라고 고쳐 달았다.

나는 다도茶道란 말에 관심이 없다. 다도를 제쳐놓고라도 일본사람들은 유난히 도道 자 붙이기를 좋아하는 것 같다. 우리의 생활의 일부가 될 정도로 차가 익숙해졌을 때 비로소 '차도'를 말할 수 있다.

차례茶禮가 일본에서 다도가 되고, 유술과 검술이 현해탄을 건너 유도와 검도가 된다. 서예는 서도가 되고 꽃꽂이는 화도로 변한다. 용어가 변할 뿐 아니라 형식이 복잡해지는 것이 더 큰 문제다. 복잡한 형식을 배우려니 돈이 들어가고, 다도 선생님은 엄연한 직업이 된다. 그러니 형식은 점점 복잡해가고 가르칠 것은 더 많아진다.

'도道'는 길이다. 길은 자연히 만들어진다. 산길을 걸어본 사람은 안다. 정상을 향하든 산언덕을 넘어가든 같은 곳을 밟는 사람들이 많아지면 자연히 그곳에 길이 생긴다. 일이고 동물이고 길든다는 말은 오랜 시간에 걸쳐 접촉이 반복되면서 서로가 편안하고 익숙해졌을 때 쓰는 말이다. 차에도 도가 있다면 이런 경우일 것이다. 오랫동안 차를 마시다보니 생활의 일부가 될 정도로 차가 익숙해졌을 때 비로소 '차도'를 말할 수 있는 것이 아닐까. 도를 가르쳐서 되는 것이 아니란 이야기다. 시작이 어떻든 상관없다. 차가 웰빙well-being(미국에선 '리빙 웰living well'이라고도 쓴다) 음료이고 슬로푸드slow food이니 건강을 위해서 마시기 시작해도 좋고 소박한 글을 읽고 차 멋에 감동해서라도 좋을 것이다. 어느 경우든 첫 맛의 느낌이 좋아야 다시 찾게 될 터이니 가능하면 깨끗한 찻잎을 골라 따뜻하게 우려마시는 것이 시작으로선 좋을 듯하다.

익숙해진 길은 걷기도 쉽다. 차에도 도가 있다면 그것은 쉬운 길이어야 한다. 힘들게 오랫동안의 수행을 강요하거나 희생을 요구하는 것이 아니라 편안히 거하면서 유익함을 얻는 방편일 뿐이어야 한다. 어렵고 복잡하면 가까워질 수 없고, 친해지지 않으면 오래 지속할 수 없다. 지속되지 않는 것은 도가 아니고 덕도 아니다. 『주역』에서 읽은 이 말은 차에 대해서도 똑같이 적용될 수 있을 것이다.

> 쉬워야 친해질 수 있고
> 친해져야 오래 갈 수 있으며
> 오래 가야 비로소 덕이 완성된다
> 易知則有親
> 有親則可久
> 可久則賢人之德

차가 주는 유익함은 너무나 많다. 땅 속 깊은 곳에서 빨아올린 진액을 이파리 가득히 저장해두었다가 따뜻한 물에 슬며시 풀어내면서 자연과 하나 되는 길을 속삭여준다. 차를 두고 둘러앉아 나누는 온유한 대화, 몸속을 돌며 오장육부를 적셔주는 찻물의 그 오묘한 효능 등이 차가 주는 자연의 메시지이다. 이러한 차는 가르칠 수 있는 대상도, 배울 수 있는 지식도 아니다.

차를 알고 차에 익숙해지면 스스로 즐기게 되는 것뿐이다.

교환교수로 미국 뉴저지에 머물고 있을 때 어린이들을 위한 차 체험교실을 시도한 적이 있다. 아이들은 앙증맞은 손에 마시고 난 자그만 찻잔 하나씩을 들고 내 눈을 빤히 쳐다보면서 잔이 다시 채워지길 기다리고 있었다. 콜라나 주스 등 청량음료에만 길든 줄 알았던 어린이들이 밋밋한 녹차 맛을 좋아한다는 것이 놀라웠다. 학부모 중 한 사람이 한국에서 방문했다는 국악인 한 사람을 대동하고 왔다. '다도'를 배운 분이라 했다. 그들에게도 차를 한 잔 대접했다. 잔을 다 비우기도 전에 바닥에 찻잔을 내려놓고 그녀가 물었다.

"한국에선 누구에게 다도를 배웠나요?"
"식기 전에 잔을 마저 비우시지요. 차는 따뜻하게 마시는 것이 좋습니다."

'차의 도'가 무엇이냐고 누가 다시 묻는다면 어떻게 대답할까. 노자老子가 '도법자연道法自然'이라 했으니 그 해석대로 차에도 도가 있다면 그것은 자연을 본받는 것이라고 말할까. 아니면 장자 속의 우화처럼 나도 말을 잊을까.

> "도가 무엇이지요?" 세 사람에게 물었다. 한 사람은 아무런 대답을 하지 않았다. 두 번째 사람은 무언가를 말하다가 중간에 말을 잊었다. 세 번째 사람은 자세하게 도를 설명해 주었다. 생각함도 없고 헤아림도 없어야 비로소 도를 알고, 처함도 없고 행함도 없어야 비로소 도에 편안하며 따르지도 않고 의지하지도 않아야 비로소 도를 얻은 것이다.

장자는 첫 번째 사람이야말로 참으로 도를 알고 있는 사람, 두 번째는 도에 가까이 간 사람, 마지막 사람은 정말로 도를 아는 사람은 아니라고 말한다. '말하는 자는 모르는 사람이고 아는 자는 말이 없다言者不知 知者不言'는 것이 그의 뜻이었다면 지금 차의 도를 말하고 있는 나에게 장자는 과연 무어라고 말할까.

차인이 아름다운 이유

차인茶人은 차와 사람이 결합된 말이다. 굳이 뜻을 붙인다면 차의 사람이라 할 수 있을까. 차나무를 가꾸는 사람, 찻잎을 따서 차를 만드는 사람, 차를 맛있게 우려내어 남을 기쁘게 하는 사람, 생활 속에 차를 즐기며 차를 예찬하는 사람들을 모두 이 범주에 포함시킬 수 있을 것이다. '차'를 넣은 아호를 쓰면서 스스로 차인으로 불리고 싶어 했던 사람들 중 다산茶山 정약용, 다형茶兄 김현승 등의 이름이 언뜻 떠오른다. 이들 말고도 세상에는 자칭타칭의 차인들이 너무나 많다. 다기를 만드는 도공, 차 예절을 좀 배운 사람, 차 글을 쓰고 차 강의를 하는 사람은 물론이고, 보이차를 팔러 다니는 사람, 찻집을 경영하는 사람들도 차인으로 불리기를 원한다. 차와 관련된 일을 하는 사람은 모두 차인이라 할 정도로 명칭이 보편화되어가는 감이 없지 않은데 이름이 흔해지는 만치 이름값도 격하되는 것이 아니면 좋겠다.

차인은 차를 사랑하는 사람이어야 한다. 차의 본성은 자연이고 실용이지 형식이나 효용이 아니다.

오래 전이지만 스님 한 분과 논쟁을 벌인 적이 있다. 학식도 풍부하고 글도 잘 쓰시는 분이었는데, 그가 쓴 글에는 늘 '스님 OO' 또는 '천하 OO'라는 호칭이 따라 붙곤 하기에 스스로를 그렇게 내세우는 것이 부적절하다는 논지를 폈던 기억이 난다. 차인에 대해서도 같은 생각이다. 차인은 차 선생, 차 상인 혹은 차 수필가와는 분명히 다른 개념이다. 차인이 너무 아름다운 이름이기에 스스로 붙이는 것이 아니라 남이 불러주어야 할 이름이라고 말한다면 독단일까. 설령 그렇다 하더라도 나는 이런 사람만을 차인으로 부르고 싶다. 무엇보다 먼저 차인은 차를 사랑하는 사람이어야 한다. 차를 사랑하는 사람은 차의 본성을 잘 아는 사람이다. 차의 본성은 자연이고 실용이지 형식이나 효용이 아니다.

2003년 뉴욕에 한 해 동안 교환교수로 나가 있을 때이다. 현지에 살고 있는 동포들을 주축으로 차 모임을 만들면서 명칭을 고민하다가 '차인회'가 아닌 '차사랑회Tea lovers' society'라고 붙였던 기억이 난다. 한국엔 '한국차인연합회'란 단체가 있는데 차

상인과 차 예절 강사들을 주축으로 구성된 단체의 성격으로 볼 때 적절한 명칭이 아니라고 생각했던 때였다.

차인은 스스로 차인임을 내세우지 않을 때 아름답다. 스님이 스스로 스님이라 내세우지 않고 스승이 스스로 스승이라 여기지 않는 것이 아름다워 보이는 것과 같은 이치이다. 차인은 형체가 갖는 이름이 아니라 살며시 스미어 나와 소리 없이 퍼지는 무형의 향기다. 노자 도덕경의 첫 장이 '도가도 비상도 명가명 비상명道可道 非常道 名可名 非常名'이란 의미심장한 경고로 시작되고 있는 것은 재미있다. 도라고 이름 붙일 수 있는 것은 이미 도가 아닌 것처럼 차인이라 스스로 이름 붙이는 사람은 이미 차인이 못되는 것이 아닐까.

차인임을 과시하는 모습은 여러 방식으로 나타난다. 어울리지 않는 특이한 옷차림이나 값비싼 가구들로 장식한 요란한 다실 등이 한 예다. 요란한 다실에는 으레 명품 다기들이 갖추어져 있기 마련이다. 다실을 갖는 것은 차인이면 누구나 품을 꿈이지만, 다실엔 혼자서 혹은 여럿이 둘러앉아 차를 나눌 수 있는 소박한 공간에 물 끓일 수 있는 간편한 시설과 손 때 묻은 다구 한두 벌이면 족하다. 화려한 다실이나 좋은 다기를 가졌다고 자랑하지 않을 때 차인의 아름다움이 더욱 드러날 것이다.

차회는 차가 좋아서, 차를 마시기 위해 모이는 것으로 족하다.

차회茶會(차 마시는 모임)를 특별한 행사로 여기는 사람들이 있다. 차회를 한다고 하면 병풍 둘러치고 방석 깔고 향 피우며 꽃 장식부터 시작하는 사람들이다. 차를 마시기 위해 모이는 것이 아니라 차 마시는 것을 보여주기 위해 모이는 듯하다. 밥 먹는 것을 보여주기 위해 저녁식사에 손님을 초대하는 사람은 없을 터인데 차 마시는 일이 밥 먹는 일과 달라야 할 이유가 없다. 차가 좋아서 모이는 사람들이라면 함께 둘러앉아 차를 마실 일이고, 이러한 차회는 잦을수록 좋다. 자주 일어나는 일을 특별한 행사처럼 여겨서도 안 될 것이다.

차 마시기보다 차 이야기하는 것을 즐기는 사람들이 있다. 불가에 구두선口頭禪이란 말이 있는데 실제로는 참선수행을 등한히 하면서 입으로만 참선한다고 떠벌리고 다니는 경우를 일컫는 말이다. 입에는 늘 차 이야기를 달고 살면서 차 강습도 열심히 하고 글도 많이 쓰는데 실제로는 차 생활을 하지 않는 사람들이 의외로 많은 것은 놀랍다. 혜능이 쓴 경전 『단경檀經』에 '설반불포說飯不飽'란 말이 나온다. 음식 이야기를 한다고 배가 불러오지 않는 것처럼, 차를 말하는 사람보다 차를 마시는 사람들이 아름답지 않은가.

차실 안과 밖에서의 행동이 너무나 다른 사람들도 있다. 교회 안에서는 거룩하게 행동하면서 밖에만 나서면 전혀 딴 사람이 된 듯 변해버리는 사람이 있는 경우와 같다. 그들은 신앙을 형식이나 방편으로 받아들였을 뿐 생활과 일체가 될 정도로 성숙하지 못한 사람이다. 차를 마실 때 공손하고 온화한 자세를 잃지 않는다면 일상생활에서 사람을 대할 때도 그렇게 할 일이다. 생활 자체가 차와 하나 되어 보이는 사람은 언제나 아름답다. 차가 주는 자연을 온전하게 받아들이고 차가 품고 있는 순수함과 따뜻함을 자연스럽게 실천하는 사람들이기 때문이다. 도덕경에 '상선약수上善若水'라 표현되어 있는 물의 성질처럼 만물을 이롭게 할 뿐 남과 다투지 않으며 스스로 낮은 곳에 처하는 겸손함이 바로 차의 본성이 아니겠는가. 이러한 차인들은 차의 효능보다 마음 자체를 소중히 하고, 차인의 마음이 기본적으로 겸손임을 잊지 않을 것이다. 차가 5천 년 동안 인류와 함께 해온 가장 소중한 자연의 산물이듯이 차를 맛있게 즐기는 사람이야말로 진정 가장 아름다운 차인일 것이다.

세상에서 가장 아름다운 찻집

2015 을미년 올해를 양의 해라고 한다. 양羊과 대大를 합성하면 아름다움을 뜻하는 미美 자가 된다. 농경이나 목축을 주로 하던 고대인들에겐 많은 젖과 고기를 제공해주는 양의 크기가 아름다움의 기준으로 다가왔을 것이다. 가난하고 잘 먹지 못하던 시절에 살이 통통히 오르고 얼굴이 동그스름한 여인상이 미인도에 자주 등장하던 것과 비슷한 맥락이다. 자기 일에 열심히 몰두하고 있는 사람의 모습이 가장 아름답다는 말도 종종 듣는다. 수필가인 치옹痴翁 윤오영은 "모든 것은 제자리에 있을 때 가장 아름답다"라고 쓴 적이 있다. 아름다움의 기준은 시대에 따라 바뀌고 사회의 정서를 반영할 뿐 아니라 존재하는 목적의 적합성과도 떼놓을 수 없을 것이다. 자연스러운 것이 아름

답고 본분에 충실한 것이 아름다움을 유지하는 길이라고 한다면 찻집은 언제 가장 아름다울 수 있을까.

차를 마시는 장소로 중국에 다관茶館이 있고 일본엔 다옥茶屋이라는 독특한 건축물이 있다. 당나라 때부터 발달한 중국의 다관은 다방茶坊, 다루茶樓 또는 다료茶寮라고도 불렸는데 화려한 간판을 내걸고 번화한 중심가에 자리 잡고는 사람들을 끌어모으는 장소로 이용되었다. 식사와 다과가 차와 함께 제공될 뿐 아니라 필요한 정보를 교환하고 분쟁을 조정하며 상품을 매매하는 중요한 상업이나 사교 활동의 장소였다. 다관에서는 때때로 결혼식이나 장례식도 치러졌고, 예인들이 연극 등의 다양한 오락과 볼거리를 제공하는 문화 활동의 중심지로도 활용되었다. 시설과 인테리어는 화려하지만 전반적으로 분위기는 어수선하고 시끄러울 수밖에 없는 것이 중국 다관의 특징이었다.

반면에 일본의 다옥은 조용한 만남과 수행의 장소였다. 한 사람이 겨우 들어갈 만큼 자그맣게 뚫린 출입문을 통과하면 다다미 깔린 방이 나타나고 화로와 다구, 꽃과 서화족자 등이 알맞게 배열되어 있는 폐쇄적인 느낌의 공간이다. 때로는 자신의 숨소리조차 부담스럽게 느껴지는 고요함과 더불어 소탈한 듯하면서도 멋을 잔뜩 부렸다는 것이 일본의 다실이 주는 전반적인 느

우리나라에는 특별히 찻집의 형식이 없었다. 주막집, 사랑방, 정자 등이 가장 친근한 찻집이고 다실이었다.

끽이다. 다옥은 대체로 소박한 외양의 목조 건축 형식이고, 정원을 끼고 있는 경우라도 다실을 외부의 풍경으로부터 단절한 채 자연을 축소하여 방 안으로 들여놓으려는 듯한 인위적인 분위기가 특징이다.

일찍부터 차가 전래되면서 일본보다 훨씬 오랜 차 역사를 지닌 우리에게도 고유한 형식의 찻집이 있었을 법하다. 그러나 우리나라에는 차 문화와 함께 다점茶店(지금의 전통다실)이 가장 번성했던 고려시대조차 특별히 찻집의 형식이 없었다. 주막집, 사랑방, 정자 등이 가장 친근한 찻집이고 다실이었다. 우리나라의 차 정신을 자연주의와 실질주의로 특징지으며 중국이나 일본과 구별하는 근거의 하나다. 중요한 것은 찻집의 특유한 건축 형식이 아니라 차를 맛있게 마시며 즐길 수 있는 조건들이라는 것이 앞서간 차인들의 지혜였다. 차 맛의 'ㅏ' 라는 양모음이 차 멋의 'ㅓ' 라는 음모음으로 살짝 바뀐 것 같이 가장 아름다운 찻집의 멋은 가장 좋은 차 맛을 낼 수 있는 곳이 아니었겠는가.

초의艸衣는 혼자 마시는 차가 신神의 경지라고 말했지만, 신이 될 수 없는 우리들이라면 두세 사람의 벗과 쉽게 어울릴 수 있는 자리가 찻집으로 좋은 위치일 것이다. 인사동이나 대학교 부근, 전철역이나 버스정거장 근처가 편리하고, 한적한 주택가나 풍광 좋은 시골집도 나쁘지 않을 것이다. 차 맛을 제대로 음미하려면 조용한 분위기여야 한다. 부드러운 음악이 나지막이 흐르고 편안한 의자가 있다면 금상첨화일 것이다. 인테리어는 고급스럽고 화려한 것보다는 클래식하거나 빈티지 풍이 어울리지 않을까. 찻집이 대학가에 위치해서 젊은 연인들이나 친구들을 주 고객층으로 겨냥한다면 심플하면서도 모던한 패션 감각이 도움이 될 것이다. 찻집의 크기는 어느 정도가 적당할까. 4인 탁자 5개 정도, 아무리 많아도 10개를 넘기지 않는 것이 좋을 듯하다. 넓게 트인 것보다는 칸막이를 군데군데 세워 아늑하게 꾸미고 1인용이나 2인용 탁자도 알맞게 섞여 있는 것이 이상적일 것이다. 조명은 너무 밝지 않은 은은함이 좋은데 차 마시며 독서를 즐기는 사람들을 위해선 부분 조명도 필요할 듯하다.

차 맛을 음미하고 오후의 휴식을 즐기려 혼자서 찾아오는 고정 손님들에겐 스스로 차를 우려내 마실 수 있는 설비를 제공하고 물이나 찻잎을 무제한 제공하는 서비스도 권장하고 싶다. 이들을 위해 차에 관한 교양서나 설명서를 비롯해 읽을거리는 넉넉하게 구비해놓자. 찻잔이 마음에 들어 구입하고 싶은 사람들을 위해서 다기, 차 관련 공예품이나 필요한 소품들을 진열해놓는 것도 좋다. 그러나 상품이 너무 많으면 찻집의 품격이 떨어

인사동의 '삼화령' 찻집.

질 수 있으니 주의해야 할 것이다. 깨끗하고 고급스런 화장실과 청정한 공기는 찻집의 필수 요건이다. 우리 차가 주는 색향미의 기본이 맑음에 있으므로 청결은 무엇과도 바꿀 수 없는 차인의 덕목이고 찻집의 조건이다.

찻집의 미학을 이야기할 때 빼놓아서는 안 될 가장 중요한 것이 남아 있다. 맛있는 녹차다. 발효차도 아니고 대용차도 아니고 가장 순수한 자연을 품고 있는 녹차를 제공해주는 것이다. 물론 찻집의 지속경영을 위해선 녹차 외에 유자차나 대추차, 국화차, 오미자차 등 대용차와 생과일 음료, 각종 다과와 케이크, 떡을 구비해놓는 것도 필요하다. 그러나 차의 기본은 언제나 맛있는 녹차임을 잊지 말아야 한다. 또한 맞이하는 사람도 차 맛 못지않게 중요하다. 차 강의를 수강하는 대학생들에게 설문지를 돌리면서 "이런 사람이 찻집의 주인이라면 자주 가고 싶다"는 질문을 포함시켜보았다. 답은 의외로 중년 여인이 가장 많았고 노년 남자가 다음이었다. 젊은 여인, 젊은 남자가 그 다음을 이었다. 찻집을 아름답게 꾸미고 맛있는 차를 구별해놓을 수 있는 주인이라면 나이와 상관없이 그가 그 자리에 가장 알맞은 사람이라고 생각하는 듯하다.

마지막으로 학생들에게 이런 찻집이 번성할 수 있을까를 물었다. 122명 응답자 중 106명은 그렇다고 대답했고 부정적인 대답은 16명에 불과했다. 찻집은 사람들이 만나고 차를 마시는 곳이다. 한 번 온 사람들이 다시 찾고 싶은 그리움을 만들어낼 수 있는 곳이 가장 아름다운 찻집이고 이러한 찻집이 번성하는 것이 아닐까. 장자는 "익숙하고 즐겁지 않은 것은 덕이 못된다. 덕 아닌 것으로 오래 갈 수 있는 것은 세상에 없다不恬不愉非德也 非德也而可長久者 天下無之"고 말했다. 그리움이 없다면 오래갈 수 없는 법, 차로서 기쁨을 주고 오랫동안 변함없이 자신의 아름다움을 지켜가는 것이 찻집의 미학을 완성해가는 길이라고 나는 생각한다.

다기, 찻그릇의 미학

다기茶器, 찻그릇, 다구茶具, 차 도구 등은 흔히 같은 의미로 쓰인다. 당나라 때의 인물로 중국에서 다성茶聖으로 추앙받는 육우陸羽가 쓴 『다경茶經』에 의하면 구별이 있긴 하다. 다구나 차 도구가 찻잎 채취로부터 제다製茶에 이르기까지 사용되는 기구들인데 비해, 다기 또는 찻그릇은 차를 우려내어 마실 때 사용하는 그릇을 말한다. 그러나 일반인들이 차를 마실 때 이를 굳이 구분할 필요는 없을 듯하다. 우리가 즐기는 것은 차를 구해서 마시는 일이고 차 있는 곳에 늘 그릇도 있는 법이니 이를 다기라 부르든 다구라 부르든 무슨 차이가 있을 것인가. 바늘 가는 데 실 간다고 다기와 차는 결코 헤어질 수 없는 벗임을 알고 다기에 따라 차 맛과 색이 달라지고 차향이 가감되는 것을 즐길 수 있다면 충분할 것이다.

찻잔에 따라 차 맛이 달라진다

1회용 종이컵에 받아 마시는 커피와 정식으로 잔에 따라 마시는 커피, 원통형 글라스에 거품이 나도록 부어 마시는 생맥주와 밥사발에 따라 마시는 맥주의 맛이 다른 것을 느끼는 사람은 많다. 그러한 경험을 가진 사람이라면 찻잔에 따라 차 맛이 달라진다는 사실에 쉽게 동의할 것이다. 더구나 차는 완제품을 그릇에 따라 마시는 음료가 아니다. 물을 끓여 알맞은 온도까지 식힌 후 다관茶罐에 부어 찻잎에서 우러난 물을 마시는 것이니, 그릇에 따른 맛의 차이가 더욱 커질 것임은 자명하다. 명대의 허차서許次紓가 쓴 『다소茶疏』에서 "차의 맛은 물에서 나오고 물은 그릇의 도움을 받는다. 물의 끓음은 불에 따라 결정된다. 차와 물, 그릇, 불, 이 네 가지가 서로 작용하기 때문에 어느 하나라도 빠진다면 온전할 수 없다茶滋於水 水藉於器 湯成於火 四者相顧 缺一則廢"라고 기록한 것은 이러한 연유이다.

차 맛을 내는 데 그릇이 중요한 이유는 무엇일까. 우선 다기를 만드는 재료(흙이나 금속 등)의 성질에 따라 물의 흡수율이나 열의 전도율과 보존성이 다르다는 것을 지적할 수 있다. 이

차와 물, 그릇, 불 네 가지가 서로 작용하기 때문에 어느 하나라도 빠진다면 차 맛이 온전할 수 없다.

런 이유 때문에 금속보다는 도자기를 선호하고, 도자기 중에서도 중국의 발효차(오룡차 등)에는 자사다기紫砂茶器를, 녹차에는 백자다기가 적합한 것으로 알려져 있다. 금속 중에서도 구리나 철보다는 은이나 주석을 선호한다. 다기가 재질에 따라 오묘한 맛의 조화를 생성하는 것 외에 우려낸 차의 색을 돋보이게 한다는 것도 잘 알려진 사실이다. 청자나 분청사기가 다기 자체의 색채 때문에 녹색을 희석시키는 데 반해, 백자는 녹황색 혹은 금황색으로 표현되는 녹차의 연한 녹색을 가장 잘 드러내준다. 차향을 보존하고 널리 분산시키는 데도 다기가 중요한 역할을 한다. 차향은 흔히 진향, 난향, 청향, 순향의 네 가지 향으로 분류하는데, 이 중에서 순향純香은 다기의 종류에 따라 달라질 수 있는 향으로 말해지기도 한다.

다기의 미학을 어디서 찾을까?

오룡차나 보이차 등 중국의 발효차를 마실 때는 중국식 다기가, 일본식 말차를 마실 때는 일본식 다완茶碗이 사용된다. 한국의 녹차를 마실 때 적당한 우리식 다기는 보통 다관茶罐과 숙우熟盂, 찻잔, 차호茶壺 등으로 구성된다. 퇴수기退水器나 받침 등이 필요할 때도 있다. 좋은 다기가 갖추어야 할 기본적인 조건은 기능성과 디자인이다. 이 두 가지는 본래 상충될 수도 있는 개념이지만, 요즘은 이를 일체화하는 경향이 힘을 얻는 듯하다. 생활 속에 예술을 구현하려는 현대적 예술관이 일반화되어가는 것으로 보면 좋을 것 같다. 실용성을 기본으로 하면서 디자인도 뛰어난 다기가 좋은 것임은 두말할 필요도 없다. 차가 품고 있는 색향미의 아름다움을 최대한으로 돋보이게 하면서 사용하기 편해야 한다는 말이다. 손의 크기와 조화를 이루는 적당한 크기에 사용하기 편리한 손잡이 위치, 보온성이 뛰어나면서 물 흘림을 최소화하는 구조를 갖추고 있어야 한다.

우리나라 다기는 일반적으로 중국 것보다 크고 일본 것보다 작다. 손잡이는 자루형이나 귓불형이 주류지만 주전자형도 있다. 흙의 종류에 따라 만들어지는 다기 색깔이 달라지고, 시대에 따라 선호하는 도자기의 종류도 바뀌어왔다. 고려시대의 다기는 청자로 대표되고 조선시대는 백자가 유명하다. 시대를 가릴 것 없이 민간에서는 분청사기가 많이 사용되었다. 차와 도자기 문화가 함께 발전해온 것은 당연하다. 차의 원조인 중국에서 일찍부터 도자기가 발전한 것이나 임진란을 통해 수많은 한국의 도공들을 데려간 일본이 차 문화와 함께 도자기 문화를 꽃피운 것은 주지의 사실이다. 동양의 차를 수입하여 홍차 문화로 변모시킨 영국이 도자기 강국으로 성장한 것도 당연한 귀결이

다관, 숙우, 찻잔, 차호, 퇴수기 등으로 구성된 우리식 다기 세트.

라 할 수 있다. 임진란 이전까지만 해도 중국과 한국을 제외하고는 1,200도 이상의 고열에서 생성되는 청자와 백자를 생산할 수 있는 나라가 없었다. 고려청자와 조선백자가 세계적인 명품으로 손꼽히면서 최고의 도자기로 평가되는 이유는 뛰어난 장인기술과 함께 독특한 디자인의 예술성 때문임은 두말할 필요가 없다. 그렇다면 차의 미학적 관점에서 한 벌의 다기를 골라야 한다면 어떤 기준이 있을까.

아름다운 다기 고르는 법

첫째 조건은 마음에 드는 것을 고르는 것이다. 청자와 백자와 분청 중에서 색깔을 선택하되 사용된 흙질이나 불의 소성燒成 정도에 따라 다양한 색깔을 가질 수 있음을 유념해야 한다. 가능하면 선명한 색을 고르고 표면의 무늬나 그림 등도 좋아하는 것을 고른다면 싫증내지 않고 오래 쓸 수 있다. 마음에 드는 디자인을 선택하되 약간 떨어진 거리에서 위치를 바꿔가며 바라보아 느낌이 좋고 안정감이 있는 모양을 고르도록 한다.

모양을 본 다음엔 손가락으로 두드려서 다기가 내는 소리를 들어본다. 깨지거나 갈라지는 소리, 탁한 소리 등은 잘못 구워진 것이니 피해야 한다. 그 다음에는 다관에 물을 가득 넣고 한 손으로 손잡이를 들어본 후 30~40센티 높이에서 다관을 기울여 물을 흘려보는 것이 좋다. 물대가 몸체와 수평을 유지하고 있는지, 다관 뚜껑과 몸체가 물샐틈없이 정교하게 맞물려 있는지 확인하고 물대에서 물이 흘러나오는 모습이 안정되어 있는지 살펴야 한다. 뚜껑에 있는 공기구멍을 손가락으로 막은 후 다관을 기울여서 물이 흘러나오는지를 확인해보는 것도 한 방법이다. 물을 다 따라낸 후 다관의 내벽을 살펴보는 것이 마지막 단계다. 속까지도 깨끗이 마무리되어 있는지, 출구로 나 있는 물구멍 크기와 개수가 물을 원활하게 흘려보내면서도 찻잎을 가두어놓을 정도로 적당한지도 살펴보아야 한다. 녹차를 주로 마시는 사람이라면 감당할만한 가격대 안에서 우윳빛이나 약간 푸른 기가 도는 백자를 고르되 너무 크지 않은 것을 선택하는 것이 지혜다.

차시의 미학

녹차 한 잔 어떨까요

차의 미학을 찾아서 떠나는 여행에서 색향미에 더하여 차의 덕德과 다기의 아름다움까지 감상했으니 이제 차의 주변으로 외연을 넓혀갈 때가 된 것 같다. 임진란 후 200년간 우리 차의 명맥이 끊어진 듯하면서도 면면히 이어져온 것은 산중에 숨어 있는 절 덕분이었다고 볼 수 있다. 그렇다면 절〔寺〕과 말〔言〕의 합성으로 만들어진 글자인 시詩야말로 차에서 찾아야 할 또 하나의 아름다움이라 하겠다. 시는 무엇일까? 『시어사전』에는 시를 "문학의 한 갈래, 절에서 쓰는 말, 즉 깨침이나 깊은 생각을 압축된 가락으로 표현하는 예술 형식"이라고 정의해놓고 있다.(김재홍 편저, 1997) 승려와 선비, 사색가들의 화두를 문학적으로 표현해놓은 것이 시라고 해도 되지 않을까. 동서고금의 차인들이 차를 마실 때마다 시를 읊었던 것이 이해됨직도 하다. 신라 초기의 다화茶話로 『삼국유사』에 소개되어 있는 경덕왕과 충담스님의 만남은 '안민가安民歌'란 시어를 남겼고, 고려시대의 이규보, 이제현, 이인로, 정몽주 등 선비들의 차시茶詩도 수없이 전해온다. 그렇게 남겨진 많은 차시들 중에서 아마도 최고의 절창은 추사秋史 김정희의 글씨로 남겨진 다음 두 구절이 아닐까.

> 고요히 앉은 자리에 차가 한창 익어가며 향기를 내뿜고
> 신묘한 기운 일어날 때 물은 흐르고 꽃은 절로 피네
>
> 靜座處茶半香初
> 妙用時水流花開

2003년 봄, 미국의 코넬대학에서 있었던 일이다. 코넬은 1865년에 설립된 유서 깊은 대학이고 하버드, 예일, 프린스턴, 컬럼비아 등과 함께 아이비리그에 속하는 여덟 개 명문 사립 중 하나이기도 하다. 이 대학이 동아시아 국가들의 문화유산에 기울이는 정성은 오래전부터 정평이 나 있고 중국 출신의 유명한 현대 건축가인 '아이엠페이I. M. Pei'가 1973년에 설계한 존슨미술관Herbert & Johnson Museum'의 5층과 6층은 중국, 일본, 한국과 티베트의 귀중한 유물들로 가득 차 있다. 이 대학이 '차의 계절

Season of Tea'이란 제목 아래 동양 삼국의 차를 미국에 소개하기 위한 대대적인 행사를 개최한 것이다. 먼저 한중일 삼국의 차 문화를 소개하는 공개강연이 2월부터 여섯 차례에 걸쳐 열렸다. 미술관이 소장하고 있는 다기 전시회와 중국 도예가를 초청한 도자기 전시회에 일본식으로 지어진 다옥茶屋; tea house 준공식이 뒤따르는 등 다양한 이벤트가 줄을 이었다. 피날레 행사는 졸업식을 하루 앞둔 날, '숭고한 동아시아 차의 예술The Sublime Art of East Asian Tea'이란 제목으로 미술관 전시장과 로비에서 열렸다. 이날 행사는 코넬대학에 재학 중인 한국 학생들의 풍물패 공연으로 시작됐다. 이어 삼국이 각각 설치한 차실에서 차시를 낭송하고 전통 차를 시연하는 것으로 끝이 났다. 한국의 차실을 맡았던 나는 이성선 시인의 '지상에 가장 완성된 사랑'을 골라 영어로 번역해 낭독했다. 중국과 일본이 같이 참석하는 자리에서 한문시를 낭송하고 싶지 않았던 때문이었다.

작은 영혼으로 흔들리는
풀잎의 눈동자는 따뜻하다
부드러운 아픔 순결한 견딤
해지는 지평을 넘어가는
사막의 외로운 낙타보다
밤에 더 외롭고 힘세다

허공에 뼈를 묻고
뼈가 보석이 될 때까지 울지 않는다
기다리는 꿈은
붕새의 날개로 세계를 난다
풀잎은 존재 자체가 별이다
지상에 가장 완성된 사랑이다.

A tiny soul trembling
The eye ball of a tea leaf is soft and genial
Refined pain, chaste endurance
At night, it is stronger and lonelier
Than a lone camel on a desert
Going over the horizon at sunset
Bury the bones in empty sky and
Would not cry until they become gems
Dream in waiting
Flies the world on the wings of the phoenix
The leaf is an entity that is a star
It is the love most perfected on this earth.

한문시 소개는 다음 날 아침으로 미뤄졌다. 중국과 일본의 참석자들이 함께 한 차회에서 '靜座處茶半香初'로 시작되는 그 시를 낭송한 것이다. 우리에게는 추사의 글씨로 남겨진 시이지만, 중국 당나라 때의 황정견이 원작자로 알려져 있는데 그들에게는 생소한 내용인 듯했다.

차와 시의 전통은 계속된다. 임진란 후 고사 위기에 처한 한국 차의 전통을 되살려낸 이로 초의 장의순과 다산 정약용을 꼽는다. 초의는 특히 해남 대흥사 부근에 일지암이란 초막을 짓고 40년간 기거하면서 『동다송東茶頌』과 『차신전茶神傳』이란 두 권의 명저를 남겼다. 『동다송』은 한국 차의 아름다움을 시로 읊어낸 차송가茶頌歌라 부를 수 있는데 다음과 같은 시로 마무리되어 있다.

> 옥화차 한 잔 기울이니 겨드랑에 맑은 바람 일어
> 몸은 벌써 가볍게 하늘로 날아오르네
> 밝은 달 촛불 되고 벗 또한 되니
> 흰 구름은 마치 돌병풍 둘러친 듯하고나
> 죽령에 불어오는 솔바람소리 피리소리처럼 처량한데
> 청한함은 뼈를 맑히고 심간을 깨워주네
> 오직 백운과 명월 둘만을 벗 삼아
> 도인 홀로 상에 앉아 차 마시니 이것이 바로 승이로구나
> 一傾玉花風生腋

초의선사가 쓴 한국 차 문화의 명저 『동다송』과 『차신전』.

身輕已涉上淸境

明月爲燭兼爲友

白雲鋪石因作屛

竹籟松濤俱蕭凉

淸寒瑩骨心肝惺

惟許白雲明月爲二客

道人座上机爲勝

홀로 마시는 차가 신神이요 두 객과 함께 마시는 차가 승勝이라고 그는 말한다. '원적제일락圓寂第一樂'이라는 말처럼, 차인은 본래 외로움을 즐기며 한적함 속에서 최고의 즐거움을 찾는 것인가. 지리산자락 화개면 문덕산 기슭에서 차밭을 일구며 시를 쓰는 시인 벽사碧沙 김필곤은 이렇게 노래한다.

아무도 불러주지 않는 이름입니다. 불러줄 수도 없는 이름입니다. 그러나 저 바람은 알고 있습니다. 아스라한 별 빛을 받아 돋아난 이슬은 알고 있습니다. 이름 없는 내 이름을 알고 있습니다. 피나게 울고 있는 오월 청산의 뻐꾸기는 꿈꾸는 내 이름을 알고 있습니다. 당신에게 유채꽃처럼 글

썽이는 눈물로나 말할 수 있을까. 말할 수 없는 내 이름을 작은 산새들은 알고 있습니다. 아무도 불러주지 않는 이름입니다. 물무늬로나 물무늬로나 반짝이는 이름 없는 풀잎이 된 내 이름입니다.

— 김필곤, 〈이름 없는 풀잎 되어 2〉

미국과 캐나다, 영국 등에서는 매년 4월을 시의 달이라고 하며 기념한다. 우리나라에서는 그 4월이 다 갈 무렵 꽃들이 진 자리에 녹음이 푸르러지기 시작할 때쯤 첫물 우전차가 나오는 절기 곡우가 든다. 4월이 가면 5월은 차의 날이 있는 달이다. 차의 날로 정해진 5월 25일엔 누구나 이런 시 한 편 읽으며 차 한 잔 나누어봄이 어떨까.

녹차 한 잔 어떨까요.
침묵 속으로 들어와서
눅진 마음
빳빳하게 풀기 세우는
한 잔의 산 빛 온기.
꿈이 있던 자리에 돋아나는
작은 공허는 비 오는 날

피우지 못한 무지개.
비 오는 날에는
풍경화 속의 산마을에도
비가 내리고
가슴이 젖습니다.
녹차 한 잔 어떨까요.

— 김명배, 〈녹차〉

차 덕, 차 효능의 아름다움

차의 색色, 향香, 미味가 눈, 코, 혀라는 감각기관을 통해 사람들의 마음에 기쁨을 심어주는 아름다움이라면 차의 효效는 화학적 성분이 인체 곳곳에 침투하여 몸을 이롭게 하는 차의 덕德을 말한다. 덕은 '행行＋직심直心'으로 풀어쓸 수 있으니, '바른 마음을 가지고 행한다'는 뜻으로 해석해도 좋을 것이다. 중국 전설상의 황제 신농神農이 찻잎을 발견하여 해독제로 처음 사용했다는 이야기로부터 시작된 차의 의약적 효능은 오랫동안 널리 회자되어왔다. 조선시대 명의였던 허준은 『동의보감東醫寶鑑』에 "녹차는 열기를 내리고 소화를 도우며 변을 이롭게 하고 머리와 눈을 맑게 한다. 녹차는 갈증을 덜어주고 잠을 적게 하며 온 몸의 독을 풀어준다. 이에 통증이 있으면 찻물로 양치를 하는 것이 좋다"고 기록해놓았다. 그 외에도 차의 효력에 대해 기술해놓은 책들은 무수히 많다. 다산, 초의의 뒤를 잇는 근대의 대표적 차인으로 꼽히는 응송應松 박영희는 차의 아홉 가지 덕〔九德〕을 다음과 같이 정리해놓고 있다.

첫째, 머리를 좋게 한다利腦
둘째, 귀를 밝게 한다明耳
셋째, 눈을 잘 보이게 한다明眼
넷째, 입맛을 도와준다口味助長
다섯째, 피로를 풀어준다解勞
여섯째, 술을 깨게 한다醒酒
일곱째, 잠을 적게 한다少眠
여덟째, 갈증을 멈추게 한다止渴
아홉째, 추위와 더위를 이긴다防寒斫暑

중국에서도 당唐 말의 학자인 유정량劉貞亮은 다선십덕茶扇十德을 논하면서 차의 공덕을 다음과 같이 기술하고 있다.

첫째, 차로써 우울함을 흩어지게 한다以茶散鬱氣
둘째, 차로써 졸음을 깨게 한다以茶覺睡氣
셋째, 차로써 생기를 기른다以茶養生氣

넷째, 차로써 병의 기운을 제거한다以茶除病氣

다섯째, 차로써 예절을 이롭게 한다以茶利禮

여섯째, 차로써 경의를 표하게 한다以茶表敬

일곱째, 차로써 좋은 맛을 느끼게 한다以茶賞滋味

여덟째, 차로써 신체를 수양하게 한다以茶修身

아홉째, 차로써 마음을 아름답게 한다以茶雅心

열째, 차로써 도를 행하게 한다以茶行道

고전적인 기록들 외에도 최근 서양에서 발표된 연구 결과들 중 몇 가지만을 보면 2002년 『타임』은 세계 10대 건강식품에 마늘, 토마토, 브로콜리 등과 함께 녹차를 포함시키고 있고, 2003년 하버드 의대 연구팀은 녹차 성분 중 아미노산의 일종인 테아닌(인터페롤 감마)이 인체의 면역물질을 획기적으로 증가시킨다는 임상실험 결과를 발표한 바 있다. 또한 존스홉킨스대 연구팀은 녹차 100그램 중에는 500밀리그램의 비타민C(같은 양의 고추에는 300, 시금치에는 64, 귤에는 30, 사과에는 10밀리그램이 함유되어 있음)와 30밀리그램의 비타민E를 함유하고 있다는 연구 결과를 발표한 바 있다. 조지아대학 연구팀은 녹차가 피부 세포 재생과 증식 효과, 피부 미용에 효력이 있다는 연구 결과를 발표하여 중국 4대 미녀인 서시, 양귀비, 왕소군, 초선 등이 녹차를 애용하고 녹차 목욕을 즐겼다는 속설을 뒷받침해주고 있다. 서울대 연구팀은 녹차의 충치 예방 효과, 순천향대 연구팀은 녹차의 식중독균 치료 효과에 대한 연구 결과를 발표한 바 있다. 그 밖에 국내외의 많은 연구진들은 녹차가 항암, 항산화, 콜레스테롤 저하, 혈압상승 억제에 특효가 있는 카테킨을 가장 많이 함유하고 있는 식품이라는 공통적인 연구 결과를 내놓고 있다. 이렇듯 오랫동안 차인들에게 경험적으로 알려졌던 사실들이 현대 과학의 힘을 통해 검증되는 중이다.(KBS 1TV, 〈생노병사의 비밀〉, 2006년 5월 9일 방영자료)

녹차는 항암, 항산화, 콜레스테롤 저하, 혈압상승 억제에 특효가 있는 카테킨을 가장 많이 함유하고 있는 식품이다.

이러한 주장들을 뒷받침할 수 있는 근거들을 차의 식품학적 분석과 그 생리활성적 효력을 통해서 찾아보기로 하자.

차의 식품학적 성분

차는 영양식이라기보다는 심리적 생리적 욕구를 충족시키기 위한 목적으로 섭취하는 기호음료이다. 알코올 성분을 포함하지 않은 음료로서 커피, 코코아와 함께 세계 3대 기호식품에 속한다. 공교롭게도 세 음료는 모두 17세기 초에 유럽으로 진출했다. 차는 동양에서, 커피는 아프리카에서 건너왔고 코코아는 남미가 원산지다. 세 가지 기호음료 중 차는 잎이 원료이고 커피와 코코아는 콩을 원료로 한다. 비슷한 시기에 유럽에 수입된 다른 음료들은 수송비와 원가 때문에 대중화의 정도가 갈렸다고 볼 수 있다.

차는 생잎을 발효시키지 않고 잎에 열을 가함으로써 제조하는 녹차(덖음차 혹은 증차)와 찻잎 속의 효소를 이용하여 잎을 인위적 혹은 자연적으로 발효시켜 만드는 발효차(오룡차, 홍차, 보이차 등)로 나눌 수 있는데 덖음 방법으로 제조되는 비발효차인 녹차의 성분은 발아차發芽茶와 거의 같다. 차의 주요 성분은 카테킨, 아미노산, 카페인, 유리환원당 등인데 차의 제조방법에 따라 그 함량이 각각 달라진다. 카테킨은 탄닌과 함께 녹차에 포함되어 있는 폴리페놀 성분의 일종이고 커피나 코코아, 와인 등 다른 기호음료에는 없으면서 녹차에만 들어 있는 귀중한 성분이다. 아미노산류는 테아닌이 가장 많고 알기닌, 아스파라진, 글루타민산 등이 포함되며 단맛, 신맛, 감칠맛을 낸다. 찻잎에는 카페인 성분도 소량이 포함되어 있다.

카페인은 커피와 코코아 콩, 콜라 콩 등에 존재하며 쓴맛과 떫은맛의 원인이 되는데 대뇌중추를 자극하여 각성작용과 흥분작용을 함으로써 졸음을 쫓고 개운함을 느끼게 하는 한편, 이뇨작용을 돕는다. 녹차가 15퍼센트 정도의 카테킨을 함유하고 있음에 비해 카페인은 차 종류에 따라 2퍼센트에서 4퍼센트까지 함유되어 있다. 또한 발효도가 증가함에 따라 함유량이 늘어나기 때문에 차보다는 커피나 콜라 등에 훨씬 많이 함유되어 있다. 카페인은 성인 1일 200밀리그램 한도 내에서 적당량을 섭취하면 체내의 신진대사를 촉진하고 권태감이나 피로감을 해소하여 작업능률을 향상시키고 혈액순환을 개선시킬 수 있지만 과다하게 섭취하면 중독 증상을 일으키고 심장에 부담을 줄 수 있다고 알려져 있다.

차의 생리활성적 효력

차의 성분으로 인해 차는 인체의 생리활성화에 여러 가지 좋은 효과를 미친다는 사실이 많은 연구 결과에 의해 입증되고 있는데 그 중 대표적인 효과들만을 요약해보면 다음과 같다.

(1) 항산화작용

식품에 함유되어 있는 지방질은 체내에 흡수될 경우 쉽게 산화되어 체내 조직과 장기에 장해를 주기 때문에 지방질의 산화를 막는 것이 식품학의 중요 과제이다. 차 속에 함유된 카테킨은 산화 방지 효과가 높으며, 차 속의 아미노산과 결합될 경우 이런 효과가 더욱 상승하는 것으로 확인되었다. 차를 상용하면 체질의 산화를 늦추고 알칼리화를 촉진하는 효과를 볼 수 있다. 이는 노화를 늦추는 요인이 된다.

(2) 항암작용과 항돌연변이

암의 발생 원인 중 80퍼센트 정도는 식생활과 끽연 등의 환경인자로 추정되어 식생활 개선을 통해서 암 예방이 가능하다고 한다. 암은 정상세포의 돌연변이를 일으키는 발암 개시단계와 촉진단계로 나누어지는데, 찻잎 성분 중 발암과 촉진을 억제하는 인자로 알려진 것이 비타민C, 카테킨 종류이다. 카테킨은 발암성을 갖는 불안정한 요소들과 결합해 이를 안정시켜 항암 효과를 갖는 것으로 확인되었다. 또한 카테킨의 이런 결합력에는 노화 억제 효과도 있는 것으로 보고되고 있다. 비타민C는 차 중에서 녹차에만 함유되어 있는데 발암성 화합물 생성과 활성화를 억제하는 인자로 알려져 있다.

(3) 혈중 콜레스테롤 및 혈당 저하와 동맥경화 예방 효과

차에는 10~15퍼센트의 카테킨 성분이 포함되어 있다. 카테킨은 동물성 식품 섭취로 증가된 콜레스테롤의 동맥벽 침착 등에 의한 동맥경화를 억제하고 체외 배설을 촉진하는 것으로 알려져 있다. 또한 녹차는 당뇨병 환자의 혈당치를 크게 낮춰주는 것으로 보고되고 있는데, 이는 다당류 성분이 인슐린 합성을 촉

10월에 활짝 핀 차꽃.

진하고 생체 내의 포도당대사를 활성화시키기 때문인 것으로 규명되어 있다. 이와 함께 카테킨은 위 운동을 활발하게 하여 장관의 긴장성을 풀어줌으로써 스트레스성 변비 완화에 효과가 있다. 그밖에 녹차에 함유된 비타민C와 엽록소 등도 카테킨과 함께 콜레스테롤과 혈압 강하 작용을 하는 것으로 알려져 있다.

(4) 항균, 항충치, 항바이러스 효과

찻잎이 함유하고 있는 불소 성분은 구강을 깨끗하게 하고 충치의 원인이 되는 균주에 대한 살균 효과가 있어 치아를 보존시켜 준다. 또한 탄닌 성분(카테킨 포함)에 의해 항염 효과가 높으며 바이러스, 병원성 세균의 번식 및 활성화를 억제하는 것으로 알려져 있다.

(5) 중금속 해독작용

카테킨 성분 중 가장 많은 요소인 에피갈로카테킨갈레이트 EGCg 등이 수은, 카드뮴, 납, 구리, 크롬 등 중금속류에 강한 결합력을 가지고 있어 체내에서 결합물을 형성하여 배설을 유도함으로써 중금속에 의한 독을 어느 정도 예방할 수 있다. 탄닌 성분은 니코틴과 쉽게 결합하여 배설을 유도함으로써 항니코틴 효과가 있는 것으로 조사되어 있다.

이러한 작용들 외에도 생리활성화에 의한 차의 노화 억제, 피부 보호, 면역성 증강 등 여러 가지 효과가 계속 밝혀지면서 한국, 중국, 일본 등 동양의 차 삼국에서 오래 전부터 전해 내려오던 차의 덕이 실증되고 있는 것은 참으로 반가운 일이다.

차인의 마음, 순청온공의 미학

마음을 품은 것이 몸인가? 몸에서 마음이 분리될 수 있는 것인가? 해묵은 의문이지만 정답 없이 늘 되풀이되는 질문이기도 하다. 물과 단백질과 지방질 등으로 구성된 물질에 마음이 합쳐진 것이 몸이라는 생각이 있는 반면에 몸은 다만 형체를 구성하는 물질일 뿐이고 여기에 마음이 더해질 때 비로소 생명체가 된다는 주장도 있다. 차의 아름다움 중에 '차인의 마음'을 포함한다면 이는 육체와 분리된 마음의 독립성을 전제하고 있는 것일까. 불가에서는 안眼, 이耳, 비鼻, 설舌, 신身, 의意의 육식六識 중 의식意識의 주체가 마음이라 한다. 주자朱子 역시 몸의 주재가 마음이라고 보아 이를 성性, 정情, 의意 등과 구분하는 입장을 취한다. 우주에 흩어진 기가 모이면 몸체가 되고 몸체에 차의 아름다움을 닮고픈 차인의 마음을 나는 순純, 청清, 온溫, 공恭의 네 글자로 표현하고 싶다.

생기가 더해져 삶을 얻었다가 다시 흩어지면 죽음이 된다는 장자 철학 역시 마음을 몸에서 분리하는 것은 마찬가지다. 마음을 인간의 지정의각知情意覺의 주체이면서 육체를 사람으로 바꾸는 생명의 원천이라고 볼 때, 차인의 마음은 차를 통해 생명을 북돋우려는 아름다운 힘이라고 할 수 있다. 다시 말해 차가 지닌 아름다움을 좇아 자신의 몸을 가꾸면서 삶을 더욱 풍성하게 꾸미려는 마음이라고 풀어볼 수 있을 것이다.

차는 어떤 아름다움을 가지고 있는 걸까. 맛이 있고 색깔이 아름답고 고운 향기를 풍긴다. 갈증을 덜어주고 몸을 편안하게 한다. 슬로푸드이며 로하스LOHAS(건강과 지속적 성장을 추구하는 삶의 양식)의 대표 식품이고 온전한 자연의 산물이다. 커피처럼 열대우림을 파괴하면서 재배되는 것도 아니고 와인처럼 사람을 취하게 하지도 않는다. 늘 편안하고 조용한 자리를 만들어주고 사람들의 겉과 속을 고요하게 한다. '유지능지중지唯止能止衆止'라는 장자의 말처럼, 오직 고요함만이 고요함을 원하는 사람들의 마음을 고요히 할 수 있는 것이 아닌가. 이러한 고요함이 곧 차의 아름다움의 원천이고 그 아름다움을 닮고 싶은 것이 차인의 마음일 것이다. 이러한 마음을 나는 순純, 청清, 온溫, 공恭의 네 글자로 표현하고 싶다.

순純은 자연을 대하는 차인의 마음을 대변한다. 차 사랑을 통해 자연에 대한 사랑을 표현하는 마음이다. 우리 녹차는 발효醱酵나 훈증熏蒸 또는 수증水蒸의 과정을 거치지 않고 생잎을 살짝 덖어냄으로써 천연적인 찻잎의 원형을 가장 자연스럽게 보존하는 전통적인 방법으로 만들어진다. 제조 과정에서 찻잎 외에 다른 요소를 첨가하지 않는 순수성을 지킴으로써 순미純味를 유지하는 것도 우리 차의 특징이다. 자연스러움은 차를 우리고 마시는 과정에서도 그대로 드러난다. 차와 다른 음식을 함께 먹지 않고 순수한 차 맛을 느끼고자 하는 것이 우리 차인들의 자연주의적인 차 사랑법이기에 차 자리로는 자연스러운 것을 제일로 친다. 한편으로는 엄격한 격식을 배제하면서도 차 자리가 지나치게 범용한 일상사 수준으로 떨어지지 않도록 배려하는 마음도 가지고 있다. 순수하고 온전하고 자연스러운 차인의 아름다움이 이 한 글자에 녹아 있는 것이다.

청淸은 탁하지 않음, 즉 불탁不濁이다. '불잡즉청不雜則淸'(잡된 것이 섞이지 않은 것이 곧 맑음이란 뜻)이라는 말이 있듯, 차의 본질이 순수하기 때문에 순수함으로부터 맑음이 나오는 것은 당연한 일이다. 차인들이 찾는 색향미의 아름다움은 무엇보다 그 맑음에 있다. 맑은 빛깔, 맑은 향기, 맑은 맛을 갖고 있는 차의 본질에 대한 차인들의 마음을 청으로 표현하는 것이다. 맑은 물로 차를 우려내고 다른 음식과 함께 마시지 않는 것이 맑은 차 맛을 내기 위한 필요조건이라면, 차를 정성껏 간수하고 다구를 청결히 다루는 것은 맑은 차 맛의 충분조건이다. 맑은 차는 마시는 사람의 몸을 깨끗하게 만든다. 이러한 차의 효능을 장자는 '능체순소能體純素'(자신의 몸을 순수하고 깨끗하게 유지해갈 수 있는 능력이란 뜻)라고 표현한다. 차의 맑음을 통해 깨끗하고 건강한 몸을 유지하고 싶은 차인의 마음을 잘 표현해주는 말이 맑음, 고요함, 조촐함, 청렴함이란 뜻을 갖고 있는 청이란 글자인 것이다.

온溫은 사람을 대하는 차인의 마음을 표현하는 말이다. 식품학에서 차는 차가운 성질을 가졌다. 그러므로 차가움을 따뜻함으로 보하기 위해 가급적 따뜻하게 마시는 것이 좋다. 따뜻함은 물의 온도만을 뜻하지 않는다. 식수나 약 혹은 수행의 방편으로 마시는 차와는 달리, 우리 차는 편한 자리에서 정다운 손님과 함께 다담을 나누면서 마시는 따스한 분위기에 잘 어울린다. 일본식의 복잡함이나 중국식의 엄격함과는 다른, 온유하고 원만하며 따뜻한 분위기가 우리 차를 마시는 분위기인 것이다. 이러한 특징을 함축하는 말이 바로 온溫이다. 온은 따뜻함, 부드러움, 데움, 화함, 온자함 등의 뜻을 가졌고, 온유, 온화, 온기, 온량, 온정, 온후 등의 단어로 즐겨 쓰인다.

갓 따낸 차나무 생잎.

공恭은 자신을 대하는 차인의 마음이다. 좋은 차 맛을 내기 위해서는 찻잎도 중요하고 찻잎 가공하는 기술도 뛰어나야 한다. 물론 물의 중요성을 첫째로 꼽는 사람도 있고 팽주의 손맛을 강조하는 사람도 있어 어느 하나 중요하지 않은 것이 없다. 그러나 이 모든 과정에 공통적으로 필요하면서 차 맛을 결정짓는 최종적인 요소는 차인의 정성이라고 할 수 있다. 찻잎을 따는 손끝의 정성으로부터 시작해서 찻잎을 덖어내고 좋은 물을 구해 적절한 온도를 유지하면서 청결히 간수해온 차를 우려내는 겸손함, 그리고 스스로를 낮추며 마주 앉은 손님에게 맛있는 차를 대접하고자 하는 공손한 마음가짐이 바로 정성스러움의 표출이고 남을 대하기에 앞서 차인 자신을 향하는 마음가짐일 것이다. 공은 공손함, 공경함, 엄숙함, 받듦 등의 뜻을 가진다. 이렇듯 차를 대하고 마주 앉은 자신이 가져야 할 마음가짐을 공이란 글자로 표현할 수 있는 것이다.

'순청온공' 네 글자를 순서대로 나열해볼 때, 순과 청은 차 자체의 본질적인 순수와 맑음을 표상하고, 온과 공은 차를 마시는 차인의 심성과 행위의 아름다움을 표현한다. 아름다운 차인의 마음을 노래한 깨끗한 시 한 편 읽으며, 이제 차 한 잔 마시자.

찻잔에 산을 띄워
날여 마신다.

솔방울 바람 산돼지
솔빛 도라지꽃 향기도
재탕으로 마신다.

우주가
내 뱃속에
나비되어 난다.

— 이성선, 〈산차〉

다화의 미학

찻잔이 녹아든 화폭

한가위 둥근 달을 올려다보며 찻상 앞에 차인 홀로 앉아 있다. 찻잔에 따라진 연녹색 찻물 속에는 숨겼던 그리움이 떠 있는 듯하고 무심코 잔을 비우는 고요한 몸가짐에선 무위無爲의 기다림을 보는 듯하다.

등불이 되어서
등불 같은 꽃이 되어서
바다를 바라보며 기다린다.
내 삶의 반은 그리움이다.
새들이 낮게 나는 바닷소리 들으며
누군가 기다리는 시간은

이 작은 사랑은
외롭지만
슬픈 기쁨이다.
한 마리 새를 기다리는 마음으로
남아 있는 시간
그리운 잎새 되어 남아 있는 저녁은
기다림으로 타오르는 놀빛 아래
작게 불을 켠 행복이다.

— 이성선, 〈작은 사랑〉

시인이 노래한 이 작은 행복을 달리 표현할 방법이 없을까. 짝을 찾아 우는 새처럼 무엇인가 그리워질 때 시인은 시를 쓰고 화가는 그림을 그린다. "그림은 말없는 시요, 시는 말하는 재능을 가진 그림"이란 옛말을 굳이 인용하지 않더라도 그림이야말로 화폭에 표현된 시요, 그리움을 원천으로 하는 원초적인 예술일 것이다.

뉴욕에 머무는 동안 맨해튼 첼시 거리에 있는 첼시웨스트 갤러리Chelsea West Gallery에서 '박수근에의 그리움HOMMAGE A SOOKUEN'이란 제명이 붙여진 전시회를 볼 기회가 있었다. 뉴욕에서 활동하는 한국인 화가 천세련의 개인전이었다. 팸플릿에 쓰여 있는 화가의 말을 번역해보았다.

> 내 작품에는 가죽, 페인트, 모래, 조개껍질, 녹찻잎 등 혼합 재료가 사용된다. 가죽 표면에 포토에칭 기법으로 조선 여인 시리즈를 그려낼 때도 나는 여인들로부터 발산되는 모성적인 그리움을 버터처럼 부드럽게 표현하고 싶었다. 내가 마시는 차는 그리움을 표현하기에 더 이상 좋을 수 없는 재료들이다. 차를 다 마시고 난 후 우려낸 찻잎들을 물감처럼 사용하여 만들어지는 작품 속의 원circle은 시작도 없고 끝도 없다. 끊임없이 회전하면서 영원처럼 계속될 뿐이다. 가죽 표면에 찍혀지는 수많은 점들과 이 점들을 연결하는 선으로서 공간과 시간을 표현하고 만질 수도 볼 수도 없는 인체 속의 소우주는 추상적인 색채로서 나타낸다. 대우주를 구성하는 수십억 개 별들 사이를 항해하는 우주선처럼 벽면에 입체적으로 설치된 원들의 행렬을 통해 그리움을 찾는 나의 유영은 한동안 계속될 것이다.

오프닝 리셉션에선 화가가 직접 보여주는 한국 차 시연 행사도 곁들여졌다. 찻잎을 재료로 그리움을 표현하고자 한 작품들은 무엇보다 차를 좋아하는 나에게 흥미롭게 다가왔다. 장구의 양쪽 끝에서 떼어낸 가죽판을 캔버스로 삼았다. 다 우려낸 찻잎을 판 위에 얹어 찻잎이 말라가면서 배어나는 물기가 가죽 표면에 우연한 흔적을 남기면서 자연스런 형상을 만들어내고 마른 찻잎 위에 유화 물감을 덧입혀 화면에 입체적인 굴곡이 생겨나게 하는 기법이었다. 그러나 이러한 기법보다도 나를 더 끌리게 한 것은 화면을 구성하는 달과 찻잔의 환상적 배열과 잔에서 향기가 피어오르는 듯한 리얼리티였다. 나는 여비를 털어 다실에 걸어둘 그림 한 점을 사기로 결심했다. 구입할 작품을 고르기 위해 뉴저지 포트리 시의 메인스트리트에 위치한 갤러리 옴즈에 가서 화가 천세련을 직접 만났다. 그는 그곳에서 자신의 갤러리를 직접 운영하고 있었다. 주변에 젊은 기운이 넘쳐났다.

"무슨 비결이 있나요?"
"그림과 차와 요가뿐이에요. 그 안에서 'Simple & Natural'(단순하고 자연스럽게 사는 삶)의 세계를 늘 추구하지요."

건국대 생활미술학과를 졸업하고 고등학교 미술교사로 있다가 결혼과 함께 미국으로 건너온 것이 1980년대 초. 뉴욕대학에서 판화를 공부했지만, 남편과 두 딸의 뒷바라지에 그의 20~30대 미술세계는 대부분 가려졌다. 조선왕실의 궁녀와 사대부집 여인들, 기생과 저잣거리 여인들의 흑백사진을 포토에

천세련 화가의 차 시연.

칭 기법으로 재현한 '조선 여인 시리즈'가 이때의 작품들이라고 한다. 아이들을 대학에 보내고 난 후 그의 작품세계는 새롭게 변화하기 시작한다. 수많은 점들이 캔버스에 찍혀지고 이러한 점들이 선을 만들고 면을 구성한다. 시차를 두고 찍혀져 끝없이 이어지는 점들은 그가 즐겨 쓰기 시작한 나뭇조각, 모래흙과 돌, 나뭇잎 등의 혼합 소재와 어울리며 시간성과 입체성을 표현하기 시작한다. 두터운 한지, 때로는 가죽 위에 몇 번이고 덧입혀지는 색상들의 흔적은 오래된 벽화의 질감을 느끼게 하고 영원성 속에서 다시 깨어나는 생명의 싹을 연상시키기도 한다. 한국인의 미국 이민 100주년을 기념하여 전시된 '조선 여인 시리즈'가 암울한 시대를 살다간 여인들의 형상을 추적하는 구상화라면 그가 새롭게 눈뜬 '마음(心) 시리즈' 그림들은 이러한 형상을 추상화하여 여인의 슬픔을 치료하는 일종의 아트테라피art therapy라고 할 수 있을 것이다.

생활 속에 차가 들어오면서 작품세계는 다시 한 번 진화한다. 여인의 마음은 이제 차의 마음〔茶心〕이 된다. 말린 찻잎들이 화폭에 붙여지고, 노란색 차가 가득 담긴 찻잔에 달빛이 쏟아지면 이 찻잎들은 향기가 되어 하늘로 날아오른다. '달빛찻잔 시리즈'다. 롱아일랜드대학의 이승 교수는 천세련 작가의 전시회를 평하면서 이렇게 썼다.

> 관객들은 이번 전시에서 자신과 우주, 자신과 타인, 그리고 더 심오하게 자신과 자신 사이의 관계를 천착하고 있는 화가 천세련의 작품세계에 깊이 몰입하고 싶은 유혹을 느낄 것이다. 그녀의 한국적 정체성은 한글, 장구판, 보자기 등 전통적 재료를 통해 표현됨으로써 한국 문화 속에 깊숙이 녹아 있는 토속적 신화와 여성적 아름다움을 암시해준다. 천세련이 오프닝 행사에서 보여준 명상적인 차 시연은 시간의 흐름에 대한 불자들의 외경심과 궤를 같이 하면서 관객들을 사로잡았다. 차를 우려내고 우려낸 찻잎들을 작품으로 재생해가는 과정에서 얻어진 작가의 영감은 단순하고 기본적인 구도 속에서 대담하지만 교만하지 않은 에너지를 생성하면서 독특한 그녀만의 작품세계를 창조해간다.

천세련은 자연의 모습을 통해 내면의 진실과 자유를 표현하는 화가다. 그에게 그림이란 어떤 의도적 산물이라기보다 자연이 주는 느낌을 내면에 받아들이고 주변에서 쉽게 구할 수 있는 재료들을 사용하여 자연스럽게 표현하는 일상적 삶의 흔적일 뿐이다.

> "천진난만함과 순수함이 없다면 예술은 다만 고통스러운 직업에 불과할 뿐이겠지요. 그림은 내가 누구인가를 찾는 것입니다. 자기를 찾는 과정에서 기쁨을 느끼고 자신의 세계를 창조하고 이를 통해 보는 사람들이 감동과 위안을 느낀다면 더 이상 무엇을 바랄까요. 가끔은 글도 쓰고 싶어져요. 글은 형체가 없는 그림이고 그림 또한 글의 형체란 느낌이 들기 때문이지요."

경희대학의 캠퍼스를 품고 있는 고황산이 서쪽 창문을 통해 온전한 자태를 드러내는 경영대학의 내 연구실은 차실로서는 이상적인 곳이다. 도심 한복판에서 산을 보며 차를 마실 수 있다는 것이 얼마나 큰 즐거움인가. 나는 이 방에 '퇴수재退水齋'란 이름을 붙여놓았다. 다 쓰고 난 물을 버리는 서재란 뜻이다. 이름에 걸맞게 예닐곱 평 남짓한 방의 한가운데를 기다란 소나무 탁자가 차지하고 탁자 위에는 차통 몇 개와 차그릇들이 놓여 있도심 한복판에서 산을 보며 차를 마실 수 있는 것이 얼마나 큰 즐거움인가.

다. 차 찌꺼기와 찻물을 버리는 데 쓰는 퇴수기退水器도 그중에 들어 있고 한구석에 작은 옹기 물동이 하나도 들여놓았다.

한쪽 벽에는 천세련 화가의 그림이 걸렸다. 기다림 가운데 시인이 느꼈던 작은 행복이 화가에 의해 그리움으로 살아난 그림을 감상하며 독서로 피곤해진 심신을 쉬게 하는데 차만 한 것은 또 없을 것이다. 소동파는 "좋은 차는 아름다운 여인과 같다佳茗似佳人"고 했고 "미인은 좋은 차와 함께 한다美人伴茗"는 말도 있다. 숨 가쁘게 돌아가는 일상에서 잠시 하던 일을 멈추고 작품 앞에 앉아 선禪적인 우주와 찻잔의 진동을 경험해본다. 차상 맞은편 자리에 빈잔 하나를 더 내어놓는다. 혼자 앉아 번갈아 비우는 두 개의 찻잔, 한 잔은 나의 것이지만 또 한 잔은 기다리는 사람의 몫이다. 그가 언제 당도하든 그리운 대상을 간직한 찻잔은 행복하다. 기다림이 있는 동안 희망은 언제나 남아 있기 때문일 것이다.

차를 찾는 사람들

포틀랜드대학의 초청을 받아 한 학기 동안 머물렀던 오리건주에서는 유난히 녹색green을 강조한다. 태평양을 끼고 캘리포니아주와 워싱턴주 사이에 자리 잡은 오리건주는 북쪽으로 컬럼비아 강이 워싱턴주와 경계를 이루고 동쪽으로 캐스케이드 산맥을 넘어 아이다호주와 연결된다. 101번 프리웨이를 타고 태평양 연안을 따라 북상하다 보면 캘리포니아를 지나 오리건으로 들어서면서 주변 풍경이 확연히 바뀐다. 똑같이 바다를 끼고 있으면서도 강우량이 다른 탓인지 민둥산이 많은 남쪽과 달리 높은 산과 울창한 삼림, 하늘을 찌를 듯 키 높은 나무들이 가득 들어차 아름다운 천연의 조화를 연출한다. 청정한 자연을 그대로 보존하려는 것은 이곳 사람들의 당연한 바람일 것이다. 곳곳에서 그러한 생각들이 실천으로 나타나는 것을 본다. 시장에 갈 때 쇼핑백을 각자 준비해가고, 플라스틱 병을 추방하기 위해 유리병에 음료수를 담아 다니는 사람들을 흔히 볼 수 있다. 쓰레기 분리수거 시스템이 잘 갖추어져 있고, 도시는 어디나 자전거도로로 연결된다. 푸드마일리지food mileage를 줄이기 위해 지역 생산물을 소비하는 비율이나 음식물 찌꺼기를 정원수의 비료로 사용하는 비율 등이 미국 전체 평균의 두 배가 넘는다고 한다.

가을부터 늦봄까지 계속되는 겨울 우기에 접어들면 무언가 따뜻한 마실 거리가 그리워진다. 인근 시애틀에서 스타벅스가 시작된 것도, 거리의 모퉁이마다 커피하우스가 문을 열고 있는 것도 우연이 아닐 것이다. 대종을 이루는 음료는 물론 커피다. 그러나 자연을 좋아하는 이들이 녹차를 미리 알았더라면 이곳이 미국 녹차의 진원지가 되지 않았을까. 블랙커피의 자리를 그린 티가 차지할 수 있는 토양이 이미 마련되어 있는 곳이다.

오리건주에서 멀지 않은 시애틀에서 열린 2010년 낙스NAKS 학술대회에 참석했다. 낙스는 미국 한국학교협의회National Association for Korean Schools의 약자로 미국에 산재한 1천여 개 한국학교 교사들이 한 곳에 모여 3박 4일간 개최하는 연례적 학술행사다. 올해의 참가자수도 예년과 같이 700여 명을 헤아린다. 행사 기간 동안 '낙수다방'이 함께 열리는 것도 벌써 6년째다. 'NAKS'에 U자를 덧붙여 작명된 것이 'NAKS-U', 즉 낙수다방이다. 우리말로 부르는 '낙수다방'은 이들에게 떠나온 고국과 과거에 대한 그리움을 불러일으키는 친근한 이름으로 다가온다. 올해는 호텔 룸이 아니라 등록 테이블과 세미나실이 늘어선 로비 한구석에 호젓한 공간을 빌렸다. 다방은 참가자 모두에게 열려 있고 찻값은 무료다. 다기나 차를 판매하는 것도 아니다. 한국학교 교사들 중 누구라도 다방을 찾아와 자리에 앉으면 맛있는 차를 대접하는 것이다.

티백이나 현미녹차에 길든 혀가 깨끗하게 만들어진 한국산 찻잎을 적당한 온도에 우려낸 연하면서도 깊은 녹차 맛에 끌리는 것은 무리가 아니다.

내가 여행 중에도 늘 가지고 다니는 차는 화개 달빛초당에서 만드는 달빛차로, 녹차와 발효차 두 종류다. 전기포트에 물을 끓이고 한국 다기에 차를 우려낸다. 이미 7년째 매년 빠짐없이 열리는 다방인 만치 단골이 된 낯익은 얼굴들이 반갑게 찾아오고 대회에 처음 참가하는 교사들도 좋은 차가 있다는 입소문을 듣고 들린다. 다방이 처음일 뿐만 아니라 아예 녹차가 처음인 사람들도 있다. 한 번에 열 명까지 둘러앉을 수 있는 자리에서 차를 나누면서 차 이야기〔茶話〕는 계속된다. 녹차가 이렇게 맛있는 줄 몰랐다는 것이 대부분 사람들의 첫 반응이다. 티백이나 현미녹차에 익숙하고 대용차에 길든 혀가 깨끗하게 만들어진 한국산 찻잎을 적당한 온도에 우려낸 연하면서도 깊은 녹차 맛에 끌리는 것은 무리가 아니다. 평소에 갖고 있던 차에 관한 많은 의문들이 이야기보따리처럼 풀어헤쳐진다.

첫 번째 관심은 카페인 성분에 관한 것이다. 녹차에 카페인이 많아서, 심지어는 커피보다도 많다는 이유로 녹차를 멀리한다는 사람들이 많았다. 전적으로 잘못 입력된 정보다. 녹차가 커피나 콜라, 초콜릿 등 여타의 기호식품과 같이 카페인을 함유하고 있는 것은 사실이다. 그러나 같은 양의 음료를 마신다고 할 때, 녹차에 함유된 카페인은 커피의 15~25퍼센트 정도일 뿐이고 인체에 흡수되는 속도도 느리다. 카페인은 차의 쓴 맛을 구성하지만 각성작용을 하고 이뇨작용도 돕고 있으니 소량의 카페인을 피할 이유는 전혀 없다.

두 번째 의문은 차의 맛에 대한 것이다. 떫거나 쓰고 때로는 싱거우며, 물은 뜨겁다는 것이다. 찻잎의 양을 얼마나 넣어야 할지, 차 우리는 시간을 얼마나 두어야 하는지 감을 잡지 못하겠고 어떻게 마셔야 하는지도 모르겠다고들 한다. 비교적 손쉽게 해결할 수 있는 의문들이다. 나는 간단한 요령으로 '3의 법칙'을 말해주었다. 녹차 1인분에 적당한 찻잎은 3그램 정도이다. 사람 수대로 잔을 준비하고 끓인 물을 차관(또는 다관)에 직접 붓기 전에 숙우에 담아 3분만 참아라. 물이 60~70도 정도로 식을 것이다. 이 물을 찻잎이 들어 있는 차관에 붓고 또 3분만 기다려라. 적당히 우러날 것이다. 이를 찻잔에 따라 세 모금 정도로 나누어 천천히 마셔라. 떫은맛도, 쓴맛도 사라지고 뜨거워서 입술을 데거나 너무 미지근해지는 일도 없을 것이다. 넣은 찻잎을 한 번만 우리고 버리는 것은 아깝다. 적어도 세 번쯤 우려 마셔라. 이것이 3의 법칙이다.

한국의 찻잔이 본래 이렇게 작은 것이냐는 질문도 빠지지 않는다. 찻잔의 크기는 차를 우려내서 마시는 횟수에 따라 달라진다. 일본식 다도에서 쓰는 말차抹茶는 한 번을 마시기 때문에 우리나라 국 대접같이 넓적하고 큼지막하다. 그들은 이를 다완茶碗이라 부른다. 중국인들이 즐겨 마시는 오룡차烏龍茶나 자스민 같은 발효차는 대여섯 번 혹은 열 번 이상을 우려낸다. 그들이 쓰는 주황색 자사호紫沙壺가 간장종지보다도 작은 이유다. 한 번 넣은 찻잎으로 한 자리에서 녹차를 서너 번 우려 마시는데 잔이 머그잔만치 크거나 중국다기만치 작다면 어떨까. 우리 다기의 크기를 중국과 일본의 중간쯤으로 만든 선조들의 지혜에 감탄할 따름이다.

초청을 받아 머물렀던 포틀랜드대학 구내의 성당 모습.

한국산 좋은 잎차를 어떻게 구하느냐는 것이 가장 난감한 질문이다. 얼마 전 일본 다도 시연회를 연다고 해서 일본식 정원을 들러본 적이 있다. 무릎으로 이동하고 찻잔에 수십 번씩 머리를 조아리는 격식을 차리는 다도 시연이 끝난 후 한국 차와 비교해서 몇 가지 질문을 했다. 엉뚱하게도 되돌아온 답은 한국에도 차가 있느냐는 것이었다. 요즘은 스타벅스 등 커피하우스에서도 녹차를 발견하는 것이 어렵지 않지만 미국의 어느 도시엘 가도 마실 만한 한국 차는 찾을 수 없다. 미국 슈퍼마켓이나 식품점에서 파는 것은 대부분 티백에 들어 있는 가루차이고 그나마 중국산이 일반적이다. 겉포장은 한국산이라 해도 찻잎은 중국산인 경우도 많다고 한다. 이것이 한국 차의 현실이다. 한

시애틀의 낙스 행사에서는 7년째 한국 차에 대한 강연을 하고 있다.

국 사람만이 한국 차를 알고 있고 그나마 오래 마셔본 사람만이 한국 땅이 세계에서 가장 좋은 차를 길러내는 것을 알고 있다.

차 맛을 결정짓는 요소로서 산지의 토질과 기후, 잎을 따는 시기와 가공 기술을 든다. 차마다 이름 앞에 산지를 표시하는 이유는 이 때문이다. 용정녹차는 중국 저장성의 용정龍井이 고향이고 보이차는 윈난성의 보이현普洱縣이 고향이다. 마찬가지로 제주설록차는 제주산이고 화개작설차는 화개산, 보성녹차는 보성산이다. 세상에서 가장 좋은 차는 어디서 날까. 중국의 용정일까 일본의 시즈오카일까 한국의 화개나 보성일까. 개성이나 풍기인삼이 중국산을 능가하는 것을 보면 한반도의 지력이 생명에도 빛깔이 있다면 녹색이 아닐까. 찻잎은 사람들에게 던져진 푸른 화두다.

특별함을 알 수 있고 예로부터 청나라가 조선에 대해 조공물로 해마다 1천 포대의 차를 요구했던 것을 보면 중국의 차인들도 이미 한국 차의 가치를 알았던 것 같다. 초의가 일지암에 머물면서 저술한 『동차송(혹은 동다송)』에는 "중국에는 맛으로 유명한 육안차와 약효로 으뜸간다는 몽산차가 있지만 이 양자를 겸비한 차가 동국의 우리 차다"라는 말이 나온다. 그는 여기에 덧붙여 "늙은이가 젊어지고 고목이 다시 살아나는 신묘한 효험이 있고 여든 노인의 안색이 홍도처럼 붉어진다"고 우리 차의 신비스런 효험에 대해서 언급하고 있다.

녹차를 만드는 기술은 나라에 따라 다르고 사람마다 달라질 수도 있다. 우리나라는 주로 덖음법parched method을 쓰고, 일본은 찜법steamed method이 위주이다. 덖음법보다 찜법이 녹색을 더 드러나게 하는 것으로 알려져 있지만 어느 방법에 의하든 성분에 변화는 없다. 그러나 잎을 우려낸 다음의 모양은 확연히 다르다. 덖어낸 녹찻잎은 서너 차례 우려 마신 후에도 생잎과 같은 싱싱함을 보여주어 식용으로의 2차적 이용이 가능한 데 비해 쪄낸 차는 그렇지 못하다. 찻잎이 자랄 수 있는 최적의 조건은 반음반양의 경사진 산언덕으로 모래와 자갈 섞인 사력질沙礫質 토양이다. 가장 이상적인 곳이 우리나라에선 지리산 남쪽에 자리한 화개지역으로 알려져 있고 신라시대 차씨가 처음 도입되어 파종된 장소도 여기로 추정된다. 차나무의 수령은 보통 100년이지만 그곳에는 천년수가 살아 있어 5월이 되면 지금도 찻잎을 따서 천년차를 만들기도 한다.

한국의 고금의 차인들이 발견했던 우리 차의 우수성, 우리만 몰랐던 한국 차의 비밀을 한 꺼풀씩 벗겨간다면 쇠젓가락을 능숙하게 다룰 수 있는 유일한 민족, 현대산업의 핵인 반도체를 세상에서 가장 잘 만드는 나라, 가장 맛있는 웰빙 음식 김치를 일찍부터 개발한 나라인 한국이 세계에서 가장 좋은 차를 생산하는 나라로 알려지는 날도 머지않을 것이다. 미국에서 동포들이 한국 차를 쉽게 구입할 수 있는 방법을 찾아주는 것은 아직도 남아 있는 숙제지만, 한국에서조차 오랫동안 잊혔던 고유한 우리 차가 미국 땅에서 이렇게 조금씩이라도 살아나고 있는 것은 반갑다.

차는 차나무*Camelia sinensis*에서 해마다 새로 돋는 녹색 잎을 따내어 가공한 후 이를 따뜻한 물에 우려낸 차의 진액을 마시는 것이다. 만약 생명에도 빛깔이 있다면 아마도 녹색일 것이란 생각이 든다. 비상구의 녹색등과 건널목의 녹색신호, 짙푸른 여름의 녹음과 집도의의 수술복까지, 모든 녹색은 생명을 안내한다. 녹차에 대한 느낌도 그렇다. 하얀 백자 찻잔에 부어진 찻물은 주황색도 검은색도 아니다. 차나무에 달려 있던 찻잎 그대로의 연록색이다. 찻잎 또한 단순한 풀잎이 아니다. 순전한 몸과 마음으로 살기를 원하는 사람들 모두에게 던져진 푸른 화두다. 내 몸을 맑혀주고 내 마음을 깨끗하게 가꾸는 순청純淸의 자연인 것이다. 한 자락 공기로 불어와 진한 생명 얻었다가 한 줌의 흙으로 돌아갈 우리도 결국은 자연의 일부가 아닌가.

풀잎을 바라보며
아름다운 삶을 생각한다

이슬을 바라보며
깨끗한 삶을 생각한다

풀잎처럼
맑은 눈빛으로 삶을 마치고 싶다

물방울처럼
울림의 삶으로 머물고 싶다.

— 이성선, 〈풀잎을 바라보며〉

신의 녹색 물방울

『신의 물방울』이란 만화가 있다. 아기 다다시亞樹直란 일본인 와인애호가가 쓴 책이다. 유럽이 원산지인 서양 술 와인을 소개하기 위한 책을 동양인이 썼다는 것도 낯설지만 이 만화책이 한동안 한국에서 베스트셀러가 되고 있다는 사실은 뜻밖이다. 나는 와인을 잘 모른다. 하지만 정작 신의 물방울은 따로 있는 것이 아닌가 하는 생각이 든다. 나의 물방울은 자색紫色이 아니라 녹색綠色이고, 원산지는 서양이 아니라 동양이다. 만화 제목과 구별하기 위해 '신의 녹색 물방울'이라고 불러도 무방할 그 이름은 바로 녹차다. 와인과 녹차, 신이 만든 이 두 물방울 간에는 공통점도 있지만 다른 점이 많다.

녹차를 신의 녹색 물방울이라고 불러도 좋을 것이다.

첫 번째 공통점은 이 두 가지가 모두 최고의 건강음료로 손꼽힌다는 것이다. 『타임』은 와인과 녹차를 포함해서 토마토와 마늘을 세계 4대 식품이라고 발표한 바 있다. 네 종류 식품이 모두 과일, 채소, 나무 등 식물성인 점, 색깔이 자색과 녹색, 붉은색과 흰색 등이 골고루라는 점이 재미있다. 두 번째 공통점은 두 음료가 모두 신화에 기원을 두고 있다는 것이다. 와인의 시조는 주신酒神 박카스Bacchus 또는 Dionysus이고 차의 시조는 신농神農이라고 알려져 있다. 박카스는 제우스의 아들이고 신농은 신의 농사꾼이란 뜻을 가진 고대 중국의 황제였다. 와인과 차의 역사가 기원전 2500년 이전으로 거슬러 오르는 오래된 음료인 만치 그 보편성 또한 공통점이다. 차는 세계에서 물 다음으로 많이 마시는 음료이고 와인이 한국에서조차 붐을 타기 시작한 것을 보면 이 두 가지는 동서양을 막론하고 인류의 가장 보편적인 음료들이라고 볼 수 있을 것이다.

그러나 원산지나 색깔 외에도 와인과 녹차 간에는 같은 점보다는 다른 점이 더 많다. 첫 번째 차이는 와인이 포도즙을 숙성시킨 발효음료인데 비해 녹차는 발효되기 전의 생찻잎을 덖어낸 비발효음료라는 것이다. 와인은 발효 과정에서 12~18퍼센트의 알코올 농도를 갖게 되므로 사람을 취하게 하는 반면, 녹차는 이와 반대로 몸과 마음을 맑게 한다. 불승이나 선비들이 잠을 쫓고 수행의 방편으로서 녹차를 즐겨 마셔온 것은 이러한 이유 때문이다. 술을 곡차라고도 하고 주차불이酒茶不二란 우스갯말이 있긴 하지만 이는 정신을 탁하게 하는 술과 맑게 하는 차의 조화를 강조하는 말일 것이다.

두 번째는 성분상의 차이점이다. 와인은 약 80퍼센트, 녹차는 99퍼센트가 물로 구성되어 있다. 녹차가 칼로리를 거의 갖지 않는데 비해 와인은 제법 많은 양의 칼로리를 포함한다. 와인에는 비타민이 거의 없는데 비해 녹차는 다량의 비타민 A와 C를 함유하고 있는 것도 차이점이다. 무엇보다 녹차의 가장 중요한 성

'신의 녹색 물방울'이라고 불러도 무방할 그 이름은 바로 녹차다.

분으로 해독작용을 하면서 강력한 항암효과를 갖는 것으로 알려진 카테킨을 발효음료인 와인에서는 발견할 수 없다는 것이 중요한 성분상의 차이일 것이다.

세 번째 다른 점은 제품에 부여하는 가치이다. 와인은 일반적으로 오래 숙성된 제품일수록 고급으로 치고 시간 대비 가격이 기하급수적으로 높아진다. 100년쯤 잘 보관된 것이라면 그 가격이 천정부지일 것이다. 녹차는 이와 반대로 햇차가 가장 비싸다. 차를 제법 마시는 차인들은 1년이 지난 녹차는 아예 거들떠보지도 않는다. 그만치 자연 그대로의 상태를 중시하는 것이고 녹차가 주는 순수한 색향미에 섬세하기 때문일 것이다. 최근 들어 서양에서 녹차 열풍이 일고 있는데 반해 한국에선 오히려 와인 열풍이 일고 있다는 것도 흥미로운 점이다. 서양에서 녹차에 관심을 갖는 것은 녹차의 신비스런 효능들이 새롭게 밝혀지고 있기 때문이니 홍차만 알고 있던 사람들이 녹차에 눈을 뜨는 것은 당연하다 할 수 있다.

한국인들에게 녹차 또는 작설차雀舌茶는 익숙한 이름이다. 그러나 이름에 익숙할 뿐 녹차를 제대로 알고 있는 사람은 의외로 적다. 지식층에서조차 한국은 본래 물이 좋아 차를 별로 마시지 않았다느니, 조상들이 차 대신 숭늉을 마셨고 차 문화는 중국이나 일본에서 들어온 외래 문화라고 생각하는 사람들도 적지 않다. 심지어 인삼차, 보리차, 생강차들을 모두 녹차 종류에 포함시켜 말하는 사람들도 흔하다. 제대로 우려낸 녹차를 단 한 잔도 맛보지 못한 사람들이 90퍼센트 이상일 것이라고 말한다면 과언일까. 한술 더 떠 녹차 밭에 농약을 친다고 방송에서 호들갑을 떨어 그나마 늘어나기 시작한 녹차 소비에 찬물을 끼얹는 심각한 현상까지 일어나고 있다. 방송국의 무지함이 또 한 번 교각살우의 우를 범하고만 것이다. 녹차가 스스로 제독작용을 하기 때문에 농약으로 인한 영향을 최소화한다는 사실과 함께 우리보다 훨씬 많은 농약을 중국과 일본에선 공식적으로 차밭에 사용하고 있다는 사실을 함께 밝혀 주는 것이 지각 있는 방송 프로듀서들의 보도 태도였을 것이다.

이 어느 것보다도 더 큰 차이를 와인과 술이 가지는 정신성에서 발견한다. 차선일체茶禪一體(차와 선이 다름이 없다는 뜻) 혹은 차선일미茶禪一味라는 말을 굳이 빌리지 않더라도 차가 만들어주는 우리 정신의 고향을 향한 따뜻한 그리움을 어디 와인에 비할까. 그래서 차는 늘 시와 같이 있는 모양이다.

꿇어앉지 않고
반가부좌로
문밖 산을 바라본다.
무릎 앞
찬 마루바닥에 놓인
찻잔 안에 산이 들어가 있다.
늙은 소나무가 거꾸러져 있다.
떠가는 흰 구름도
잠시 몸을 적신다.
차를 들며
슬쩍
도를 엿보는 시간이다.

— 이성선, 〈차를 들며 도를 엿본다〉

내가 차를 사랑하는 여섯 가지 이유

사랑은 다가가고 싶은 그리움이다. 좋아하는 사람은 마주 앉아 얼굴을 보고 사랑하는 사람은 나란히 앉아 몸을 기댄다. 사랑은 거리를 두지 않는 그리움이고 가까이 다가가 하나가 되고 싶은 간절함이다. 차에 대한 사랑도 다르지 않다. 차의 본성과 내가 하나가 되고 싶은 마음이고, 생활의 한 부분에 녹아든 차와 나 사이의 거리가 없어지는 것이다. 몸속에 들어온 차는 자유롭게 나를 휘젓고 새로운 세계가 열리기 시작한다.

차에 대한 나의 사랑은 그 맛에서 비롯된다. 차는 쓰고 달고 짜고 시고 떫은 맛을 다 가지고 있지만 어느 한 가지 맛이 드러난 차는 잘 우려낸 차라고 볼 수 없다. 물이 너무 뜨거울 때 떫

차는 쓰고 달고 짜고 시고 떫은 맛을 다 가지고 있지만 어느 한 가지 맛이 드러난 차는 잘 우려낸 차라고 볼 수 없다.

은맛이 나고 시간을 오래 끌면 쓴맛이 강해진다. 차는 때로는 구수하고 때로는 쌉쌀하다. 여러 번 우린 차는 연하지만 단맛이 있다. 차 성분이 갖고 있는 맛들이 따뜻한 물을 만나 서로 섞이며 만들어내는 독특한 감칠맛을 차 맛이라 표현할 수 있을까. 그 맛은 새벽같이 맑으면서도 저녁노을처럼 부드럽다. 부드러움 속에 어느 음료도 따라올 수 없는 깊은 맛이 있다. '담이불염淡而不厭'이란 말 그대로, 담백하여 싫증나는 일이 없는 것이 바로 녹차의 맛이다. 처음 만났을 때 예감했던 차와의 사랑은 날마다 짙어가는 녹음처럼 해가 거듭될수록 더욱 신비스러운 녹색으로 나를 물들여가고 있다.

차를 사랑하는 두 번째 이유는 차가 가진 본성 때문이다. 차의 본성은 물이고 또 다른 본성은 나무다. 차나무에 달린 잎이 물을 만나면 차가 된다. 물은 거꾸로 흐르는 법이 없이 아래로만 흐르고 흘러가는 물은 다른 물과 합쳐지면서도 다투는 일이 없다. 만물을 다만 이롭게 할 뿐이다. 나무는 태어난 자리를 옮기지 않는다. 언제나 한 자리를 지키며 꽃을 피우고 열매를 내며 푸른 잎은 끊임없이 산소를 공급한다. 차는 자연의 축소판이고 세상의 순리다. 찻물 속에 녹아든 자연을 마시며 살아 있는 기쁨을 함께 나누는 것이다.

세 번째로 차가 가져다주는 여유를 사랑한다. 여유가 생기면 차를 마시리라 생각하던 때가 있었지만 여유는 저절로 주어지는 것이 아니다. 나이가 들어가고 책임이 무거워질수록 시간은 점점 빠르게 흐르고 몸은 더욱 바빠만 가던 것을 기억한다. 의식적인 노력으로 만들어지고 부단한 연습을 통해 버릇으로 굳어지는 것이 여유란 것을 발견한 것은 차를 마시면서부터였다. 바쁜 틈새라도 찻잔을 앞에 놓고 앉으면 여유가 뒤따라온다. 봄날에 눈이 녹고 짝을 찾아 새가 우는 것처럼 자연과 하나 되어 찻잔을 비우면 찻잔이 비워지듯 내 몸도 비워진다. 삶의 무게도 그만큼 가벼워진다면 이것이 차가 주는 가장 큰 선물이 아닐까.

차가 내 몸에 베풀어주는 은혜를 나는 또한 사랑한다. 차의 색향미가 인체의 오감에 미치는 즐거움이라면, 찻물이 몸 곳곳에 스며 들어 작용하는 효력은 물리적 기능이다. "작설차는 눈을 밝게 하고 변을 잘 나오게 하며, 갈증을 없애고 잠을 적게 하며 몸속의 독을 풀어준다"고 『동의보감』에 기술한 효능을 매일 경험하고 있다 해도 과언이 아니다. 돋보기를 쓰지 않고 깨알 같은 사전을 찾고 가리는 음식 없이 먹고 싶은 것을 거침없이 먹으면서도 순수하고 깨끗한 몸을 유지할 수 있는 것이 차의 덕이 아니고 무엇이겠는가.

차를 마시면 찻잔이 비워지듯 내 몸도 비워진다. 삶의 무게도 그만큼 가벼워진다면 차가 주는 가장 큰 선물이 아닐까.

나는 차와 더불어 즐길 수 있는 모든 아름다운 것들을 사랑한다. 차를 노래한 시와 글, 다실에 걸린 그림 한 폭, 찻상 위에 가지런히 정렬된 정갈한 다기, 차를 우려내는 섬세하면서도 익숙한 손동작, 다실 창밖으로 건너다보이는 차밭의 자연풍경, 차와 관련된 것은 모두가 아름답다. 최고의 음악은 소리가 없는 것이라 했나. 차가 있는 곳마다 들려오는 소리 없는 음악은 무현금無絃琴 소리처럼 나를 숨죽이게 하고 낡아지려는 심신의 위기를 일깨워 다시금 솟구치는 생명을 느끼게 해준다.

내가 차를 사랑하는 마지막 이유는 차가 맺어주는 인연들이 소중하기 때문일 것이다. 차가 아니면 이루어질 수 없었던 만남들이 있고 멀리 있어 만나지 못하는 그리운 얼굴들이 있다. 초의는 흰 구름 밝은 달 두 손님 모시고 혼자 앉아서 마시는 차가 신의 경지라 했지만 보고 싶은 얼굴들을 하나씩 떠올리며 우려내는 찻잔만치 인간적인 것이 또 어디 있을까. 차는 자연이고 사람 또한 자연이다. 떠나는 사람을 불러 앉히고 멀어진 사람을 가까이 오게 하며 그리운 사람을 그리워하게 하는 찻잔 앞에 앉으면 모자랐던 생각들이 날개를 달고 신비로운 천공을 향기롭게 날아오른다. 생각이 미치지 못해서 그런 것이지 사람이 만나지 못할 먼 곳이 그 어디 있으리오未知思也 夫何遠之有.

풀잎과 마주 앉아
우주와 앉아
마음을 모은다
산이 춤추며 온다
바다가 말하러 온다

시간과 공간이 이 큰
천둥 번개가 모두 나의 집
나의 몸이다.
풀잎과 앉아
벌 속에 나비로 날아
이 우주 이 무궁
삶은 신비다.
세상 전체가 향기다.

— 이성선, 〈풀잎과 마주 앉아〉

바다에선 언제나
음악소리가 난다

상큼한 소금기
수줍은 비린내
낮게 나는 바닷새 울음소리
함께 어울려

바람 속에 녹아드는
음악은

음악은
청록색 차 빛 그리움이다.
천만년 쌓여온
바위 같은 그리움이다

누구일까 먼 곳에서
노래 부르며 바람결에 그리움
실어 보내는……

— 이근수, 〈바다의 음악〉

제2부

다심茶心, 선심禪心, 무심舞心

다섯 번째 향기

예산 덕숭산 정혜사

수덕사修德寺 대웅전 뒤를 돌아 염주알을 세듯 한 발짝씩 걸음을 내딛으며 1천 개 돌계단을 오르면 홀연히 개마고원같이 널따란 평지가 나타난다. 정혜사定慧寺가 자리 잡은 절터 앞마당이다. 한가운데 오래 묵은 돌탑과 함께 작은 소나무 정원이 꾸며져 있고 그 앞에서 낭떠러지 경계까지 넉넉히 떨어져 있는 공간 끝에 휘어진 소나무 한 그루가 서 있다. 내려다보면 일망무제 꼬리를 물고 펼쳐진 먼 산들이 마치 겹겹이 밀려오는 서해의 파도를 연상케 한다. 남쪽은 홍성읍이고, 동쪽으로 오뚝하니 솟아 있는 연봉蓮峰 너머가 예산읍이다. 행정구역상으로 예산군 덕산면 덕숭산 수덕사. 산山 자 세 개와 덕德 자 세 개가 겹쳐진 곳에 예禮 자와 숭崇 자, 수修 자까지 받쳐주고 있으니 범상한 기운으로는 풀 수 없는 도량처임이 분명하다. 반세기쯤 전, 당신께서 섰던 자리가 바로 여기쯤이고 바라보았을 산들이 바로 저런 모습이었을까. 예산읍에서 의원을 개업하고 환자를 돌보아주던 아버지는 가끔 이곳 정혜사를 찾았다고 한다. 편찮으신 스님들을 진료해주기 위해서였는지도 모른다. 그 자리에 이제는 당신의 아들이 서서 먼 산들을 다시 바라보고 있다. 무슨 인연일까. 수덕사 대웅전 앞 7층 석탑을 배경으로 부모님과 4남매가 함께 찍힌 이제는 누렇게 변색되어버린 옛날의 가족사진을 꺼내볼 때마다 떠오르던 의문이었다.

예산읍에서 의원을 개업하고 환자를 돌보아주던 아버지는 가끔 이곳 정혜사를 찾았다고 한다.

경허와 만공의 맥을 잇는 어느 선승 대덕을 만나볼 수 있을까, 산기 가득한 곳에 세워진 암자에서 나이 어린 다각승과 차 한 잔이라도 나눠 마시며 새로운 차 인연이라도 맺을 수 있을까, 덕숭산을 지키는 산신령을 만나 전생의 복업을 풀어볼 수 있을까. 오래도록 벼르던 수덕사 불행에 나서며 머릿속을 스쳐간 생각들이었다. 불제자로서 남양주에 백련사란 자그마한 불당을 세운 누나와 요즘 한창 능엄경 읽기에 빠져 있다는 여동생이 동행이었다. 서해안고속도로를 타고 남행하여 해미 나들목에서 빠진 후 홍성 쪽으로 들어서니 금방 수덕사를 가리키는 팻말이 나타났다. 안거 해제를 두 주일 정도 남겨놓고 있는 절 경

수덕사에서 찍은 부모님과 4남매의 가족사진.

내는 고즈넉했다. 사진에 보이던 대웅전 앞 그때의 7층 석탑은 어디론가 다른 곳으로 옮겨지고 지금은 더 오래된 듯한 3층 석탑이 자리를 차지하고 있는 모습이 금방 눈에 들어왔다.

돌계단을 걸어 오르는 대신 꼬불탕하게 끊어진 듯 이어지는 험한 오르막 길, 포장은 되어 있지만 서툰 운전으로는 아예 엄두도 내지 말아야 할 위험한 산길을 곡예처럼 올라갔다. 청록색 테를 두른 검은 목판에 흰색 행서체로 단정하게 쓰인 '정혜사定慧寺' 현판이 정면에 걸려 있다. 해강海岡 김규진의 글씨다. 본당 옆으로 능인선원能仁禪院이 나란히 서 있고 뒷산 중턱에 관음전이 보름달처럼 걸려 있다. 정혜는 선정禪定과 지혜智慧의 합자일 것이다. 선정이 지혜의 몸이고 지혜가 선정의 쓰임이라면 정과 혜는 둘이 아닌 하나일 터, 차가 물의 신이고 물은 차의 몸이기에 차와 물은 둘이 아니고 하나일 수밖에 없다는 『동다송』의 한 구절이 머리를 스친다. 그래서 다선일미茶禪一味 혹은 선다일체禪茶一體란 말이 생겨난 것일까.

오전 수행을 마친 현각 스님이 경내를 안내하기 시작한다. 『하버드에서 화계사까지』를 쓴 푸른 눈의 미국인, 대학에 다닐 때 숭산 스님 법회에 참석했다가 말씀에 충격을 받아 머리를 깎고 한국으로 왔다. 서울 화계사에 적을 두고 있지만 안거를 위해 이곳에 잠시 내려와 있다고 한다. 일엽 스님으로 유명한 비구니 암자인 견성암이 멀리 보이고 아래쪽 가까운 곳, 2천 개 돌계단이 숨 가쁘게 끝나는 자리에 만공선사 사리탑이 있다. "세상은 한 송이 꽃, 백 가지 초목들이 곧 부처님이니 천 번 생각함이 한 번 일함과 같지 못하다世界一花, 百艸是佛母, 千思不如一行"란 스님 말씀이 탑비에 새겨져 있다. 불법수행에서 남녀평등을 주창하며 비구니 선원을 처음 열었던 참선의 본가, 200명 승려들이 일하지 않으면 먹지 않았다는 우리 불교의 든든한 전통이 현각의 익숙해진 한국어를 통해서 그림처럼 전달돼온다.

경허, 만공, 고봉, 숭산의 내력을 지금은 설정雪靖 스님이 이어받고 있다. 금선대金仙臺 진영각眞影閣에 올라앉으니 현각이 팽주를 자청한다. 어느새 차 자리에도 일가견이 생긴 모양이다. 같이 앉은 법륜 스님이 깊이 간직해놓았던 차 한 봉지를 꺼내온다. 차통도 차명도 없지만 맛이 익숙한 것을 보니 화개 달빛초당차가 분명하다. 어찌하여 많이 만들지도 않고 시중에서 판매도 되지 않는 문덕산 초부의 차가 이곳까지 흘러들어와 제 맛을 기억해주는 인연을 만날 수 있었을까를 생각하며 정성스레 우려내준 찻잔을 받는다. 방안 한쪽 벽 깊숙한 곳에 모셔져 있는 경허, 만공, 혜월 세 분 선사의 진영이 차 마시는 우리들의 마음을 들여다보고 있는 듯하다.

찻잔에 매화 붉게 필 때

앞산을 낮게 나는 새가
그 발을
찻잔 물에 적시고 지나간다

허공에 갑자기 향기 감돌고
저녁 저 발이
누구의 가슴에 깊어지는데

새는 어디에 닿는가

닿고 닿지 않음
도달하고 도달하지 못함을
침 뱉듯이 보는 이가

내 뒤에서 조용히 차를 들고 있다.

— 이성선, 〈산중차인-산시 38〉

앞산에 매화 붉게 핀 이른 봄날 창밖에 나르는 새들을 바라보면서 차를 들고 있는 스님들 모습이 수묵화처럼 정겹게 다가온다. 차를 마시기 전 그들은 벽에 걸린 선사들 진영 앞에 차 한 잔씩을 먼저 올렸을 것이다. '정좌처다반향초靜座處茶半香初 묘용시수류화개妙用時水流花開'라고 추사가 쓴 글씨가 있었다. 큰스님 영정들이 모셔진 곳에 승속 구별 없이 둘러앉은 차 자리가 한창 무르익어간다고 느꼈을 때 방 안에는 어느새 신묘한 향기가 깃들기 시작한다. 예로부터 말해지던 진향眞香, 난향蘭香, 청향淸香, 순향純香의 네 가지 차의 향기에 더하여 뿜어져 나오는 다섯 번째 향기임이 분명하다. 좋은 찻잎이 진향을 내고 불 가늠 잘하여 덖어낸 차가 난향을 내며, 알맞게 우려낸 물의 조건이 청향을, 다기의 순수함이 순향을 내는 것이라면, 지금 방안에 감도는 이 향기는 분명 함께 한 사람들이 어울러내는 마음의 향기〔心香〕일 것이다. 물은 낮은 곳으로 흐르고 때가 되면 꽃이 피듯 고요히 앉은 자리에서 일어나는 심향 가득히 퍼진 곳에 '즉시활연卽時豁然 환득본심還得本心(자연히 뚫려 있는 골짜기처럼 즉시에 깨달아 본래의 마음을 체득한다는 뜻)'의 신묘한 작용이 일어난 것인가. 내 마음에 스스로 부처가 있는데, 내 마음속의 부처가 바로 진불인 것을 왜 모른 채 살고 있는 것일까. '아심자유불我心自有佛 자불시진불自佛是眞佛'이라던 혜능의 가르침이 바람결에 실려 저 멀리 골짜기 아래로부터 불어오는 듯하다.

산사의 찻집

순천 조계산 선암사

선차일미禪茶一味라고 절 구내에 찻집 하나는 이제 유행이 된 듯, 웬만한 산사 입구엔 으레 찻집 하나씩이 문을 열고 있다. 마음속에 숨겨둔 절을 찾아보고 내려오다가 기다린 듯 문을 열어놓은 찻집에 들러 차 한 잔 마시는 것도 어느새 습관이 되어버렸다. 오랫동안 함께 산 부부들의 얼굴이 닮아 가는 이치일까, 산사의 찻집들은 모두 그 절을 닮아 있는 것 같다.

이름이 아름다워 꼭 한 번 보고 싶던 선암사仙巖寺를 찾았다. 선암사 가는 길은 정다웠다. 촉촉한 봄비가 가늘게 내리고 매표소로부터 1킬로미터 정도의 오솔길을 걸어 오른다. 승선교乘仙橋를 지나쳐 강선루降仙樓까지 이르는 길옆엔 풍부한 계곡 물이 나란히 흐르고 있었다. 정겨운 글씨체의 편액이 높직이 걸린 강선루 중층 누각 밑으로 흘러내리는 맑은 물은 누각을 지나자마자 선암사천으로 합쳐진다. 오솔길이 끝나는 곳에 푸른 이끼 가득한 돌담이 정면으로 나타난다. 천년고찰의 풍모를 엿보여주는 고색창연한 돌담 앞에 수문장처럼 버티고 선, 곰 형상의 두 그루 느티나무 등걸을 끼고 돌면 곧바로 '조계산曹溪山 선암사仙巖寺'라 쓰여진 일주문이다. 일주문 지나 바로 범종각이 있고 종각 뒤 만세루엔 창암蒼巖 이삼만이 쓴 '육조고사六朝古寺 임지관월臨池觀月'이란 목조 편액이 걸려 있다.

가람의 배치도 오솔길만치 정갈하고 짜임새가 있다. 대웅전을 중심으로 양쪽에는 응향각과 지장전을 거느리고, 만세루를 내려다보는 좁은 앞마당 좌우로 심검당과 설선당, 뒤쪽으론 팔상전, 불조전, 원통각, 장경각 들이 이마를 맞대듯 올망졸망 늘어서 있다. 좁은 경내에 다닥다닥 배열된 아담한 기와지붕들이 절이 아니라 마치 옛날 화동花洞이나 삼청동 양반집 골목길에 들어선 듯한 착각을 불러일으키는 정겨운 풍경이다. 응향각에서 무량수각 쪽으로 통하는 좁은 골목길 양 옆에는 탐스럽게 핀 수국나무에서 눈물처럼 떨어져 내린 하얀 꽃잎들이 싸락눈처럼 수북이 쌓여 있다. 정호승은 아마도 이러한 정경을 보고 선암사를 노래했는지도 모른다.

눈물이 나면 기차를 타고 선암사로 가라
선암사 해우소에 가서 실컷 울어라
해우소에 쭈그리고 앉아 울고 있으면
죽은 소나무 뿌리가 기어다니고
목어가 푸른 하늘을 날아다닌다
풀잎들이 손수건을 꺼내 눈물을 닦아주고
새들이 가슴 속으로 날아와 종소리를 울린다
눈물이 나면 걸어서라도 선암사로 가라
선암사 해우소 앞
등 굽은 소나무에 기대어 통곡하라.

— 정호승, 〈선암사〉

뒷담 너머엔 스님들이 직접 가꾸는 오래 된 차밭이 있다. 선암사 차의 전통은 예로부터 들어온 것이지만 인연이 닿지 않으면 접하기가 쉽지 않은 차이기도 하다. 삼인당 연못가에 경내 찻집인 선각당先覺堂이 자리 잡고 있다. 제행무상, 제법무상, 열반정적이란 불가의 삼인三印을 따서 삼인당이라 했다. 선각당에서도 선암사 차는 볼 수 없고 인근 태안사 스님들이 법제했다는 햇차를 가져다 놓고 있었다. 차를 덖는 정성이 조금 지나쳤던 탓인지 탄내가 살짝 나긴 했지만 차 맛은 맑았고 선각이란 이름

선암사.

탓일까, 아니면 삼인당 연못가에 자리 잡은 탓일까 찻집에는 속기가 걷혀 있었다. 찻집의 벽면 공간엔 이름 모를 향토 시인이 지었음직한 시 몇 편이 운치 있게 걸려 있다.

님 오시는/ 길목에/ 산새 소리들
어서 오라/ 반기는/ 인사를 하네
나도 따라/ 반가워/ 차완 내놓고

님 오시는/ 길목에/ 피인 국화꽃
날 저무는/ 햇살에/ 향이 고와서
몇 닢 따다/ 차를 끓여/ 님께 드리니

그리움이 진하게 배어나는 작품 끄트머리엔 지은이인 듯 '소재素齋'란 이름이 조그맣게 흘려 쓰여 있다. 아마도 인근에 숨어 사는 차인일 것이다. 천년이 넘도록 이곳에 자리한 채 보일 듯 말 듯 은근하게 풍겨주는 선암사 정에 이끌려 걸음을 자주 하다가 찻집 나무탁자 위에 두 개의 잔을 놓고 앉아 차를 우리면서 누군가를 기다리고 있었을 시인의 모습이 선하게 떠오른다. 우리들의 가장 순수한 혼이 미지의 것을 향해 갖는 성스러운 기다림을 그리움이라 표현한다면 시인의 이러한 기다림은 곧 차의 마음이고 삼인당 연못가에 찻집을 열어놓은 주인의 마음이기도 할 것이다.

고요한 청산에/ 흰 눈 내리고
멀리 솔가지/ 부러지는 소리
초당 화로에는/ 외로움도 향기인 양
차 물 홀로 끓누나.

〈선각당 찻집〉이라 제목 붙여진 또 한 편의 시를 음미해본다. 이곳이야말로 선암사 불심을 대변하는 찻집이 아닐까. 이곳에만은 꼭 선암사 차가 있었으면 좋겠다.

파계로 완성된 꽃

화순 천불산 운주사

경기도 마석, 마치터널을 지나 마을을 500미터쯤 벗어나 긴 언덕길을 올라간 곳에 모란미술관이란 조각공원이 있다. '언어와 인체'란 이름의 조각 전시회가 열렸던 곳이다. 다듬다 만 듯한 거친 몸체와 잠자리에서 막 일어난 듯 투박한 얼굴, 두 손끝을 붙여서 가슴에 모았거나 한 팔은 가슴에 얹고 다른 한 팔은 배에 대고 있는 양팔의 처리, 두 팔을 모두 지친 듯 축 내려뜨리고 서 있는 인체 형상들이 기이하면서도 어디서 본 듯한 정감을 불러일으켰다. 그 인체조각들이 바로 운주사雲住寺에서 보았던 불상들의 이미지였음을 깨달은 것은 작품의 도록을 읽고 나서였다.

운주사 불상을 떠올리게 하는 조각 작품.

운주사에서 나는 태어난 이래 가장 큰 충격을 받았다. 나는 눈물을 흘렸다. 잃어버린 나의 모습을 다시 돌아보듯 수없이 많은 시간을 이 불상 앞에서 보냈다. 미친 듯이 다시 다가서서 그 불상 앞에 서 있었다. 소박하고 인간성을 해탈한, 더욱 강한 내적 힘이 부서지고 흩어져서 기이한 예언들을 하는 듯한 모습들을 보면서 때로는 블랙홀 같은 침묵으로 나는 그 표징을 읽으려 노력했다. 운주사 불상에서 얻은 나의 소박한 영감은 내 언어를 무한한 지평으로 열어준 은혜로운 만남이었다. (조각가 이춘만)

운주사 불상들에서 느낀 것은 파격이나 파계로 완성된 한 송이 큰 꽃에 대한 그리움이었다.

내가 운주사를 다시 찾은 것은 이 전시회를 보고 난 후였다. 광주에서 남쪽으로 남평을 지나 20킬로미터쯤 내려간 화순군 도암면 용강리 일대, 해발 130미터밖에 안 되는 야트막한 무등산자락이다. 대웅전 뒤쪽으로 바윗길을 한참이나 걸어 올라간 곳에 사열대처럼 높직하게 자리 잡은 공사바위에서 내려다보면 양쪽으로 갈라진 산줄기 사이에 기다랗게 펼쳐진 골짜기 주변으로 커다란 범선 모양의 절터가 자리 잡고 있다. 적당한 거리를 두고 띄엄띄엄 놓인 석탑의 모습은 긴 항해에 나선 범선의 돛대를 떠올리게 한다. 골짜기 남쪽 입구에서 가장 먼저 마주치는 것이 보물 796호로 지정되어 있는 9층 석탑이다. 이 탑을 지나 북쪽으로 올라가면서 주변에 산개된 탑들은 대부분 7층 또는 5층으로 되어 있다. 탑의 모양은 방형, 원형, 원구형, 원반형 등 다양한 모습이다. 특이하게도 탑신에 마름모꼴이나 X자 혹은 사선이나 세로선 등 기하학적인 무늬들을 새겨놓았고, 특별한 받침돌 없이 자연암반이나 돌판 위에 얹혀 있으면서 대부분의 탑신이 돌판 여러 장을 가로 세로로 겹쳐놓은 조립식이다. 통일성도 없고 계획성도 없이 늘어놓은 모양이 제멋대로지만 오히려 이 제멋대로에서 모두를 초월하는 자연스러움과 자유로움이 느껴진다고 할까.

이러한 느낌은 경내에 산재된 수많은 불상들도 마찬가지였다. 돌로 만든 건물에 커다란 돌부처 두 개가 등을 맞대고 앉아 남북을 향하고 있는 석조 불감佛龕이나 서쪽 산 위에 머리를 남쪽으로 두고 누운 한 쌍의 커다란 와불, 그 발치서 잠든 와불을 지키며 영원히 서 있을 것 같은 충직한 모습의 머슴부처, 공사바위 암벽벼랑에 새겨진 마애불이나 군데군데 석불군을 이루면서 키를 재듯 나란히 세워져 있는 크고 작은 돌부처들의 모습이 한결같이 현세를 초월한 듯한 여유를 느끼게 했다. 하나같이 못생기고 온전한 것이 없는, 그리다 만듯한 얼굴에서 부처의 위엄이나 마무리의 정교함이란 찾아볼 수 없는데도 얼굴마다 작은 이야기들을 숨기며 전체는 하나의 묘한 조화를 이루고 있었다. 뙤약볕 아래 김매는 들판의 농부, 장바닥에 개피떡 판을 늘어놓고 앉은 늙은 아줌마 같은 장삼이사의 소박하면서도 서민적인 모습의 불상들에게는 전통적인 불상이 갖고 있는 상투적 타성을 벗어난 자유가 있다. 그 익숙한 얼굴들에서 조각가가 발견한 것이 예술적 영감이었다면 내가 느낀 것은 바로 파격이나 혹은 파계로 완성된 한 송이 큰 꽃에 대한 그리움이었다.

문에 비치는
그녀 옷 벗는 그림자 바라보다가
돌연 파계한 스님

파계로 완성된 꽃
황진이는 당신을 죽이고
스스로 시들었다.

당신 몸은 깨졌지만
질그릇처럼 깨어져
길바닥에 흩어져 밟혔지만

영혼은 별이 되었다.
영원한 눈빛으로 새로 태어나
퇴락한 그녀 무덤을 지키는
따뜻한 별이 되었다.

— 이성선, 〈지족 선사〉

1천 개의 부처와 1천 개의 석탑을 만들려다 새벽닭이 울기에 공사를 중단했다는 도선의 창건설화나 장길산 같은 소설가적 상상력을 운주사에서 떠올릴 필요는 없다. 왕실 중심의 호국불교 사상에서 벗어나 개혁적인 민중불교를 실험했다거나 도교나 점성술 같은 이단 종파의 사원이었다는 현학적 해석에도 귀 기울일 필요 없다. 이런 것을 따지는 것은 벌써 운주사가 아니다.

운주사는 '운주雲住' 혹은 '운주運舟'라 불리는 그 이름과 같은 곳이다. 운주사는 구름이 머무는 곳과 같이 자유롭고 하늘처럼 탁 트인 채 열려 있는 곳이다. 이러한 자유가 찾아오는 예술가들에겐 영감을 주며 젊은이들에겐 상상의 날개를 마음껏 펼 수 있게 해주는 것이다. 운주사는 또한 돛단배처럼 가볍게 강물에 떠 있으면서 새로운 항해를 준비하는 곳이다. 지쳐서 찾아오는 사람들을 위로하고 맑은 샘물처럼 영혼을 충전시켜 새 길을 떠나게 하는 것이다. 내게 있어 운주사는 무엇인가.

하늘이 열린 곳 어디에나
단단한 흰 공으로 날아가
마침내는 꽃씨의 함성으로 터지는
내 그리움의 가속도……

— 김성옥, 〈그리움의 가속도〉

시인이 노래한 것과 같이, 뜰 앞에 심겨진 잣나무처럼 운주사는 언제나 그곳에 서 있으면서 해가 갈수록 가속도가 붙는 우리들 그리움의 대상이 되어주고 이곳을 다시 찾을 때마다 쌓여진 타성을 일깨워줄 파계의 화두를 준비해주는 곳으로 남아 있으면 좋겠다.

산이 깨어나는 소리

밤사이 내린 눈이 캐츠킬 산야를 하얗게 덮었다. 나뭇가지마다 소복이 쌓인 눈이 설목雪木을 만들고 산 가득 들이찬 설목들이 하얀 숲을 이루니 이곳이 바로 백림사白林寺다. 캐나다 동쪽에서 발원한 아팔라치안 산맥이 허드슨 밸리를 따라 남하하다가 뉴욕시 북서쪽과 펜실베이니아주를 연결하면서 알레게니 고원지대를 조성하고 그 가운데 캐츠킬 산을 잉태했다. 블루마운틴blue mountain이라고도 불렸다는 캐츠킬 산은 치악산 정상인 비로봉과 맞먹는 1,266미터의 높이를 지녔다. 산의 이름이 어디서 유래했는지는 확실치 않다. 고양이 과 짐승이 많이 서식했다는 기록도 없는 것을 보면 아마도 18세기 말까지 이 지역에 모여 살던 아메리칸 인디언 모히칸 족장의 이름인 캐트Cat

에서 유래되었을 것이란 주장이 설득력을 얻는다.

인경을 알리는 소리에 새벽잠이 깬다. 간밤에 내린 눈이 창밖에 소담스레 쌓여 있다. 이성선의 시 〈겨울산사에서〉가 생각나는 아침이다.

산이 깨어나는 시간에 일어나 앉아
시를 쓸까 좌선을 할까 차를 마실까
별빛 내려와 쓸고 돌아간 도량을 돌까
물소리 올라가 얼어붙은 고요한 하늘 위로
산이 깨어나는 소리 하나만 걸려 있다
이것저것 다 놓아두고 그냥 바라보며
눈 안에 그 모습 하나 고요히 앉혀두자

눈길을 걸어 법당에 오른다. 눈밭에 찍힌 발자국이라곤 절 경내를 혼자 지키는 반야般若의 것 밖에는 없다. 이제 열 살이 넘어 노쇠한 기가 역력하지만, 팔각을 이룬 두툼한 얼굴이 딱 진돗개 상인 반야는 뒷다리 한쪽을 절면서도 온종일 절 주위를 어슬렁거리는 믿음직한 백림사의 수호견이다. 법당은 이미 스님의 독경 소리로 가득 차 있다. 부처님 뒤를 돌아 지하로 난 계단을 내려간다. 법당 지하에 널따란 공간이 마련되어 있다. 참선

수행이나 연수 장소로도 제격이지만 난방과 환풍이 잘 되고 수장고도 갖춰져 있어 아트갤러리로도 손색이 없는 공간이다. 법당 상량식을 기념하면서 시작된 후로 어느새 열세 번째를 맞는 해의 개산대제開山大祭 때는 이곳에서 혜성慧惺 주지스님의 선서화전과 뉴욕 거주 한국 화가들의 그림전시회가 열렸다고 한다.

혜성 스님이 산록에 절터를 잡은 것이 벌써 30년 전 일이다. 작은 시냇물이 한가운데를 흘러내리는 절터가 20만 평에 이른다. 높다란 언덕 위에 한국 전통 사찰양식의 대적광전이 자리잡고 오른편에 종고루가, 왼편 앞쪽으로는 약사여래 부처님상이 앉아 있다. 종고루 옆을 돌아 명상길로 들어서 2킬로미터쯤 걸어 오르면 적멸보탑이 나타난다. 부처님 진신사리가 모셔진 9층 석탑이다. 열일곱 어린 나이에 범어사로 출가한 후 통도사와 동래 금강사에서 수학하던 중, 스님은 남해 용문사에서 3과의 부처님 진신사리를 얻었다. 1978년 도미 후, 클리블랜드와 디트로이트에서 포교하면서 줄곧 사리를 모실 절터를 찾아다니던 스님은 1984년부터 캐츠킬에 정착하여 백림사를 창건한다. 목재를 한국에서 들여와 한국 목수의 손으로 절을 짓기 시작한 지 10여 년, 1996년이 되어서야 비로소 대적광전이 완성된다. 정면 다섯 칸, 측면 세 칸의 팔작지붕 건물에 단청까지 올리니 영락없는 한국 절이 미국 땅에 세워졌다. 법당 상량식과 함께 적멸보탑 아래에 부처님 사리가 안치되고, 범종각과 약사여래상이 차례로 세워졌다. 법당 아래쪽으로 요사채가, 그 옆으로 종무소로 쓰이는 2층 건물이 들어섰다. 요사채에서 100미터쯤 떨어진 곳에 새로 지은 선원이 자리 잡았다. 사무실 겸 접견실로 쓰이는 백림사 선다실은 스무 명은 너끈히 앉아 차를 마실 수 있는 공간으로, 종무소 건물 아래층에 꾸며져 있다. 방 세 개와 식당 겸 주방이 일자형으로 늘어선 요사채 식당은 무쇠 난로가 운치를 더해준다. 장작을 때는 난로 위에는 항상 뜨끈한 차가 끓고 가끔은 간식으로 고구마가 얹어지기도 한다.

목재를 한국에서 들여와 한국 목수의 손으로 절을 짓기 시작한 지 10여 년, 영락없는 한국 절이 미국 땅에 세워졌다.

2012년 겨울방학을 이용해 뉴욕을 방문해서 절에 머물고 있는 동안 스님과 함께 맨해튼과 뉴저지주 포트리시에서 차회를 열었다. 스무 명쯤 되는 사람들이 한국식당 '큰집'에 모여 앉았다. 백림사 춘설차회라 이름 붙인 자리에서 스님은 불도를 이야기하고 팽주가 된 나는 편안히 앉아 맛있는 차를 우렸다. 내가 늘 가지고 다니는 달빛차는 어디서나 인기다. 동북쪽으로 멀리 벽소령이 올려다 보이는 지리산 남녘 화개골 차밭에서 자라난 찻잎을 정성껏 덖어낸 수제 우전녹차다. 차회를 마치고 절로 돌아온 스님이 글씨 한 첩을 써주셨다. '和思求中'이란 네 글자다. '생각을 조화롭게 갖고 중도를 구하라'라는 뜻으로 해석할 수 있을까. 지나침과 부족함을 피하고 순리를 따름에서 조화가 이루어지는 것이라면 초의가 『차신전茶神傳』에서 설파한 '중정中正'의 가르침이나 혹은 오랫동안 내가 좌우명처럼 벗 삼아 살아온 '중도정견中道正見'의 정신과 상통하는 화두일 듯하다. 중정과 중도의 길이 생각의 조화에서 비롯된다는 선명한 깨달음이 거기에 있었다.

중국 청대의 서화가인 정판교의 서체를 배운 스님의 선서화는 물이 위에서 아래로 흐르듯 자연스러운 세로 글이다. 과감한 생략이 있는가하면 세밀한 묘사가 있고 새가 하늘을 날고 고기가 물에서 놀듯 크고 작은 글자가 자유자재로 춤춘다. 스님에게 있어 참선의 세계는 곧 그림이요 차라고 할 수 있다. 사미계를 받은 후부터 빠져들기 시작한 선서화禪書畵의 세계와 도미하기 전 다솔사에서, 한국의 차맥을 잇고 있는 효당曉堂 최범술 스님을 모시면서 눈 뜨게 된 차의 경지가 선과 다를 바가 없다. 하나를 깨달으면 순식간에 모든 것이 열리는 법, 번뇌와 보리가 다름이 없고 중생과 스님 또한 차별 없는 것이 불법의 이치라면 불도와 차도 사이에 무슨 구별이 있을 것인가. 불법을 닮은 차는 사람을 구속하지 않는다. 다솔사 효당의 차나 혜성 스님이 손수 사리를 수습했다는 금당錦堂 최규용의 차도 이렇게 자유로운 차였을 것이다.

백림사 전경.

맑고 깨끗한 게 청정이 아니다.
더럽다 깨끗하다는 분별이 없이
나와 둘 아니게 보는 것이 청정이다.

백림사 선원 다실에 걸려 있는 대행 큰스님의 법어가 가슴을 적셔온다.

봄날 아지랑이처럼 선기가 모락모락 올라오는 백림사 선원에서 차와 예술의 기운 역시 뭉게구름으로 피어나 봄비처럼 염부제閻浮堤를 적실 날이 다가오고 있다. 일주일간의 산사 생활을 마치고 그리움과 아쉬움을 남기며 하산하는 나의 뒷모습이 멀어질 때까지 반야가 배웅하고 있었다. '견문독송최소승見聞讀誦最少乘'(스님의 염불 소리를 듣고 보는 것만으로도 깨달음이 시작된다는 뜻)이라 했는데 10년을 한결같이 절간을 지키며 독경 소리를 들어왔을 노견에게도 불심의 씨앗은 심겨진 것일까.

그 이유를 알 때까지,
그 진리를 깰 때까지

맨해튼 북쪽에서 허드슨 강을 가로지르는 타판지 다리를 건너 두 시간쯤 북동쪽으로 달려가면 뉴욕주와 경계를 맞대고 있는 코네티컷주를 만난다. 아팔라치안 산맥의 지류인 베어마운틴을 정점으로 동쪽으로 뻗어 내린 버크셔힐 산자락인 뉴하트포트시에 자리 잡은 절이 대연사大蓮寺다. 4차선 도로를 벗어나 좁은 숲길로 들어서 100미터쯤 걸으면 사방이 숲으로 둘러싸인 5에이커 정도의 아늑한 평지가 모습을 드러낸다. 미국식 건물로 지어진 대적광전이 안쪽에 자리 잡고 왼쪽으로 미륵보살상이, 오른쪽으로는 9층 석탑이 서 있다. 석탑 앞 넓은 공터 한쪽에 지어진 2층집이 사무실과 요사채로 쓰인다. 주지인 대산大山 스님이 30년 전에 개척하여 불당을 짓고 대각사란 이름 분명한 것은 서구 문화에 익숙한 미국인들이 동양 불교의 매력에 빠져들고 여기저기 세워지는 한국의 절들에서 독경 소리가 높아지고 있다는 것이다.

을 거쳐 지금은 대연사라고 부르는 미국 절이다.

개원 30주년 봉축법회 및 사미승 수계식이 예정된 일요일이었다. 아침부터 승용차들이 들어오기 시작했다. 오늘 수계를 받으면서 보각普覺과 보경普鏡이란 법명을 얻는 스님 둘이 모두 미국인인 것도 의외지만 신도들 대부분이 가족 단위로 참석하는 외국인이라는 사실이 더욱 놀랍다. 줄잡아 400명쯤 되는 참석자들을 위해 천막을 치고 마련한 자리에 한국 음식들이 준비되어 있다. 보각 스님은 우루과이 출신으로 다섯 살에 부모와 함께 이주하여 이곳에서 대학을 졸업하고 컴퓨터그래픽 디자이너로 일하고 있는 중산층 인텔리다. 보경 스님은 이곳 토박이로 역시 대학을 졸업하고 지금은 일하는 아내 대신 집안 살림을 도맡으며 아이들을 키우는 '하우스 허즈번드'라고 한다. 새벽 6시부터 8시까지 두 시간 동안 하루도 빠짐없이 계속되고 있다는 아침 예불에 참석했다. 보각 스님이 인도하는 시간이다. 천수경 독송부터 시작하여 제불통정헌공을 거쳐 반야심경과 사홍서원까지 이어진 후 축원으로 마치는 예불 시간 내내 낭랑히 울려 퍼지는 스님의 염불과 근기가 대단하다.

11시에 시작된 법요식엔 육법공양 순서가 들어 있다. 헌향에 이은 헌다 순서에서 나는 한국에서 가져온 우송다기에 화개 달빛초당에서 법제한 청록차를 우려내어 불상 앞에 올렸다. 사미승 수계식이 끝난 후에는 축하행사로 불전 앞에서 춤이 펼쳐졌다. 뉴욕 관음사觀音寺 주지로 있는 지현 스님이 추는 바라춤이다. 바라춤은 원래 잡귀를 예방하고 청정한 도량을 유지하기 위해 불가에 전승되어오는 남성 작법춤이다. 양손에 든 바라를 마주치면서 빠르게 움직이는 역동적인 춤사위를 자랑한다. 삼십대 초반쯤 되었을까, 앳된 얼굴의 비구니 스님이 추는 바라춤은 남성무의 역동성 대신 여성무의 화려함을 보여준다. 신석초의 〈바라춤〉 시 한 편이 떠오른다.

대연사 앞에 세워진 표지석.

몸은 설워라
허물 많은 사바의 몸이여
현세의 어지러운 번뇌가
짐승처럼 내 몸을 물고
오오 형체 이 아리따움과
내 보석 수풀 속에

비밀한 뱀이 꿈어리는 형역의
끝없는 갈림길이여
구름으로 잔잔히 흐르는 시냇물소리
지는 꽃잎도 둥둥 띄워 떠내려 가겠다
부서지는 주옥의 여울이여
너울너울 흘러서 창해에
미치기 전에야 끊일 줄이 있으리
저절로 흘러가는 널조차 그리워라

이제 속계를 떠나 법신에 귀의하는 수계식 자리에 잘 어울리는 시와 춤이다. 스님들 모두가 한자리에 둘러앉아 차회가 벌어진다. 한 시간 떨어진 캐츠킬 산록에 위치한 백림사 주지 혜성 스님과 간호사로 일하면서 대연사의 재무를 맡고 있는 수연 스님, 뉴욕불교방송 대표인 김자원 보살, 뉴욕에서 참석한 천세련 화가도 자리를 함께 한다. 혜성 스님이 오늘의 행사를 집전했고 김자원 보살은 사회를 맡았다.

한 송이 국화꽃이 대우주 안에서 피는 이유를 알 때까지
한 송이 연꽃이 진흙탕 속에서 피는 이유를 알 때까지
한 송이 우담바라가 대나무 막대 위에서 피는 진리를 알 때
까지……

서정주의 〈국화 옆에서〉를 차운하여 대산 스님이 지은 시가 낭송된다. 미국에 자리 잡은 한국 절에서 행하는 불사가 올바른 전통을 따르고 있는지, 청교도와 가톨릭의 땅인 미국에서 불법을 펼치고 있는 한국 스님들이 어떻게 생존해가고 있는지를 나는 잘 모른다. 그러나 분명한 것은 서구 문화에 익숙한 미국인들이 동양 불교의 매력에 빠져들고 여기저기 세워지는 한국의 절들에서 독경 소리가 높아지고 있다는 것이다. "그 이유를 알 때까지, 그 진리를 알 때까지" 다만 무엇이 필요한 것일까? 계속적인 기도와 후원일까, 아니면 '정전백수자庭前栢樹子'나 '끽다거喫茶去'와 같은 선문답일까. 절을 떠나 다시 여행길에 오르는 마음속에 화두 하나가 심어졌다.

금정암 스님이 가져가신 차밭

화엄사 일주문 앞에 놓인 돌다리를 건너 양옆으로 소나무 빽빽이 우거진 비포장도로를 2킬로미터쯤 걸어 오르면 바른쪽에 단아한 표석 하나가 나타난다. 두 손을 모은 듯 다소곳한 여인의 자태를 떠올리는 모습이다. 표석이 가리키는 대로 Z자로 난 언덕길을 오르면 널찍한 공터가 나타나난다. 그곳에 숨겨진 듯 고요한 '금정암金井庵'이 자리 잡고 있다. 화개 차밭에서 주말을 보내고 상경하는 길에 절에 들렀다. 대학에서는 마지막 안식년이 될 2009년 가을 미국으로 떠나기에 앞서 잠깐 뵌 것을 빼면 1년 만에 찾은 길이다. 노스님께 세 번 큰절을 올렸다. 여전히 건강하고 활기차 보이는 각심覺心 노스님과 앉아 혜광 주지스님이 우려주는 금정암차를 나눠 마셨다. 이 금정암에 들를 일이 앞으로는 없어질 것 같다. 절 모습은 그대로 있되 절을 지키던 비구니 스님들이 모두 절을 떠나게 된 것이다. 올 봄은 날씨가 수상하고 이사 일 때문에 주변도 어수선해 차를 많이 만들지 못했다면서 가루가 되다시피 잎이 부서진 차 통을 여셨다. 그래도 예년처럼 차 한 통을 내 몫으로 남겨두었었는데 그나마 며칠 전 본사 스님이 가져갔다면서 아쉬워하셨다. 암자 삼면을 둘러싼 산언덕에 듬성듬성 자라는 야생 찻잎을 따서 스님이 손수 덖어낸 것이 금정암차다. 지대가 높아 곡우 전에 찻잎을 따지 못하고 입하가 되어서야 첫물차를 덖어내는데, 스님의 손맛 때문인지 차 맛이 여간 깊은 게 아니다. 금정암차는 금정샘물로 우려내야 제 맛이 난다. 화엄사 12승경으로 손꼽히는 '금정유황金井幽篁'의 바로 그 샘물, 지리산 깊은 골짜기에서 솟아나는 석간수가 대나무관을 타고 내려와 금정암 앞마당에 고인 물이다. 옛날엔 주변에 대나무가 우거져 유황幽篁이란 말이 붙었다 하는데 지금은 대나무 숲은 간 곳이 없고 동양화에나 나올 법한 낙락장송들이 절을 내려다보고 있다. 여기서는 찻잎을 한 줌 넣고 금정샘물을 부으면 열 번째까지도 좋은 맛이 우러나는데 서울로 올라가 생수나 정수기물로 차를 우려내면 도무지 이 맛을 내기 어렵다. "모든 것은 제자리에 있어야 아름답다"는 치옹 윤오영의 수필 한 구절이 떠오른다.

암자 삼면을 둘러싼 산언덕에 듬성듬성 자라는 야생 찻잎을 따서 스님이 손수 덖은 것이 금정암차다.

금정암 노스님의 다비식.

두 분 스님을 모시고 이번 겨울을 나면 이사할 곳을 찾아보았다. 전에는 포교당으로 쓰였다는, 구례읍 한 구석에 있는 70여 년 된 낡은 한옥이다. 세 칸으로 된 본채의 한가운데에 불상을 앉히고, 본채 뒤에 스님들이 계실 온돌방을 들이는 공사가 진행되고 있었다. 다른 한쪽 벽에 붙여서 방문객들이 쉬면서 차를 마실 수 있는 작은 공간도 마련된다고 한다. 산 속의 정든 처소를 떠나 복잡한 거리로 내려앉는 것이 쉬운 일이 아닐 터인데도 스님의 표정은 시종 담담했다. 서울로 떠나는 내게 스님은 누룽지 한 보따리와 곱게 간직해놓으셨던 보이차 반 덩이를 싸주셨다. 임플란트 수술을 받고 딱딱한 음식을 씹지 못하는 나를 위한 배려였다. 그리고 그것이 내게 남겨진 각심 노스님의 마지막 모습이 되었다. 혜광 스님으로부터 각심 스님께서 열반에 드셨다는 소식을 듣고 부랴부랴 구례로 달려온 것이 그로부터 불과 3주가 지나서였으니 말이다.

'해동선종대가람海東禪宗大伽藍'이라고 쓰인 목조 현판이 높다랗게 걸린 화엄사 선문을 지나 화엄계곡을 따라 10분쯤 걸어 올라가노라면 왼쪽에 부도전이 보인다. 찻길에서 벗어나 30~40도 정도의 가파른 언덕길을 100미터쯤 더 오르면 부도전 뒤편에 삼면이 나직한 언덕으로 둘러싸인 아늑한 공터가 나타난다. 다비장茶毘場이다. 한가운데 참나무가 촘촘히 쌓여 있고 정면에 보이는 나뭇단 안에 흰 꽃으로 덮인 관이 들어가 있다. 두텁게 짠 거적때기가 몇 겹으로 덮여진 연꽃 모양의 장작더미에 불이 붙여진다. 거화炬火가 시작되자 거적때기 안에서 구름처럼 흰 연기가 피어오른다. 화엄사 개창 이래 처음이라는 비구니 스님에 대한 다비식이 시작된 것이다.

왜 스님들의 장례의식에 다비茶毘란 정겨운 이름이 붙게 된 것일까. 다비는 본래 범어에서 화장을 뜻하는 '자피타Jhapita'란 말을 음역한 것이라 한다. 이때 차 다茶 자에다 밭 전田과 이웃 비比의 합성어인 도울 비毘 자를 붙인 것을 보면 다비의 어원은 이승의 모든 기억을 지우려는 듯 불은 밤새도록 탔다. 다음날 아침 스님의 몸은 한 줌 흙으로 돌아가 금정암 주변에 뿌려졌다.

분명 이웃한 차밭을 돌보며 스스로 차를 만들어 마시던 차인이나 다각승茶角僧으로부터 비롯되었을 것이다. 이승의 모든 기억을 지우려는 듯 불은 밤새도록 탔다. 다음날 아침 스님의 몸은 한 줌 흙으로 거두어져 금정암 주변에 뿌려졌다. 35년간이나 주석했던 절을 결코 떠나고 싶지 않았을 마음과 함께 스님의 몸도 그곳에 영원히 남게 된 것이다.

다섯 시쯤 저녁 공양을 마치고 방으로 들어가신 스님께 취침 인사를 하러 갔더니 스님은 이미 열반에 드신 후였다고 했다. 합장한 채 원통전을 향해 엎드린 모습이었다. 일흔일곱 해 세월을 보내신 이승을 떠나는 데 두 시간도 채 걸리지 않았던 것이다. 뵈올 때마다 오래 전에 돌아가신 할머니를 떠올리게 해준 각심 스님이다. 느지막이 유학을 떠나 있던 시절, 할머니는 여든셋 나이로 세상을 뜨셨다. 아들과 며느리를 앞서 보내고 장손자인 나를 끔찍이 아껴주시던 할머니의 임종을 지키지는 못했지만 다니시던 교회의 저녁 예배를 마치고 돌아와 잠자리에 드신 후 주무시는 모습 그대로 편안하게 영면하셨다고 한다. 한 해에 겨우 서너 차례 찾아뵙던 노스님에게서 할머니의 기억을 살려냈던 것일까. 깨끗한 모습으로 이승을 떠나신 두 분 모습이 하나로 겹쳐지면서 겨울 추위 속에 그리움으로 다시 살아났다.

밭둑에서 나는 바람과 놀고
할머니는 메밀밭에서
메밀을 가꾸고 계셨습니다.

늦여름의 하늘빛이 메밀꽃 위에 빛나고
메밀꽃 사이사이로 할머니는 가끔
나와 바람의 장난을 살피시었습니다.

해마다 밭둑에서 자라고
아주 커서도 덜 자란 나는
늘 그러했습니다만
할머니는 저승으로 가버리시고
나도 벌써 몇 년인가

그 일은 까맣게 잊어버린 후
오늘 저녁 멍석을 펴고
마당에 누우니
온 하늘 가득
별로 피어 있는 어릴 적 메밀꽃

할머니는 나를 두고 메밀밭만 저승으로 가져가시어
날마다 저녁이면 메밀밭을 매시며
메밀꽃 사이사이로 나를 살피고 계셨습니다.

— 이성선, 〈고향의 天井〉

언젠가 우리가 돌아가야 할 모두의 고향이랄 수 있는 하늘 천정엔 이런 밭이 펼쳐 있을까. 금정암 주변에 심어진 차밭을 가꾸시던 스님은 아마 지금쯤 저 먼 하늘가로 올려 가신 차밭을 매시며 날마다 저녁이면 차꽃 사이사이로 나를 살피고 계실지 모르겠다.

용면리의 전설

도공 우송의 삶과 예술

앞마당에 서면 남쪽 먼 하늘 아래 설봉산 정상이 건너다보인다. 경기도 이천군 용면리 산초마을 410번지, 신둔초등학교에서의 19년 움막 시절을 마감한 도공 우송又松이 새롭게 둥지를 튼 곳이다. 2004년 5월 늦은 봄, '마음이 넉넉한 사람들이 모이는 날'이라고 이름 붙였던 집들이 날이 생각난다. 차와 음식이 넘쳐나고 임동창의 피아노 반주에 따라 바람 소리와 새소리, 계곡을 흐르는 물소리가 어울리며 코러스를 연주하던 날이다. 흥겨웠던 그날의 기억이 아직도 생생한데 이태 전 여름(2013년) 우송 김대희는 홀연히 떠나갔다. 아내 정옥과 두 딸 현진, 현아 그리고 그의 그릇을 사랑했던 수많은 차인들의 아쉬움을 뒤로 한 채였다. 뒤돌아보면 10년이 되지 않게 짧았던 이 집과의 인연이었다. 이성선 시인의 시 한 편이 생각난다.

가지에 잎 떨어지고 나서
빈산이 보인다.
새가 날아가고 혼자 남은 가지가
오랜 여운에 흔들릴 때
이 흔들림에 닿은 내 몸에서도
잎이 떨어진다.
무한 쪽으로 내가 열리고
빈 곳이 더 크게 나를 껴안는다.
흔들림과 흔들리지 않음 사이
고요한 산과 나 사이가
갑자기 크게 빛난다
내가 우주 안에 있다.

— 이성선, 〈흔들림에 닿아〉

아마도 우송은 이 시처럼 살아서보다도 훨씬 더 오래도록 이 자리에 머물면서 그를 그리워하는 많은 차인들의 마음속에 오롯이 살아 있을 것이란 생각이 든다. 이 자리에 그의 이름을 딴 우송박물관이 들어서기 때문이다.

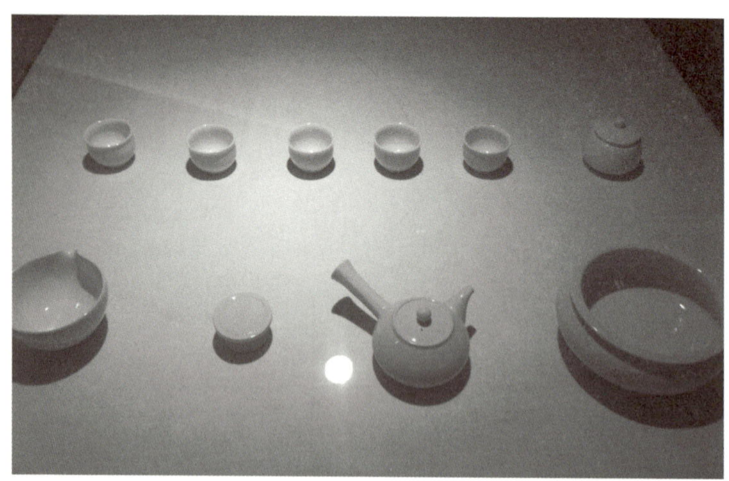
우송이 만든 백자 다기.

열아홉 나이에 흙의 길로 들어선 그가 경기도 이천군 인후리에 처음 요장을 마련한 것은 스물세 살 되던 해였다. 그 후 10년이 지나 신둔초등학교 담장 안으로 거처를 옮기면서 집 옆에 가마를 놓고 다기 작업에 열중하는 한편, 어린이들에게 도자기를 가르치던 기간을 포함하면 40여 년간을 흙과 함께 살아온 일생이었다. "흙이란 모든 생명을 잉태할 수 있는 최초의 보금자리며 최후의 보금자리다." 흙과 함께 살다가 흙과 함께 스러질 자신의 운명을 예감했던 것일까. 2001년 봄, 경인미술관에서 가진 첫 전시회의 도록 『흙의 마음』에 남겼던 말이다. "흙을 아껴라, 어렵게 만들고 어렵게 배워라." 스승의 가르침을 평생 동안 명인이니 명장이니 하는 세속적 명예에 마음 쓰지 않고 묵묵히 흙과의 대화에만 몰두하던 사람, 아낌없이 차를 부어주던 검덕儉德의 차인.

기억하면서 흙의 마음을 읽고자 노력해온 용띠 우송에겐 용면리龍眠里야말로 흙과 하나 되기 위한 필생의 장소로서 스스로 선택한 영면처였을지 모른다.

명인이니 명장이니 하는 세속적 명예에 마음 쓰지 않고 묵묵히 흙과의 대화에만 몰두하던 사람, 수더분한 머리에 작업하던 차림 그대로 찻상 앞에 앉아 잔이 빌 새라 아낌없이 차를 부어주던 검덕儉德의 차인, 불갑사 수산 스님으로부터 차를 배웠고 직지사 홍선 스님, 봉선사 준영 스님, 그리고 정목 비구니 스님 등과 함께 차 마시기를 즐겨했던 스님 같던 사람, 흙의 질감을 위해 직접 고안한 돌방아로 흙을 찧고 손이 부르트도록 수없이 유약 실험을 되풀이하던 사람……. 모두가 손에 잡힐 듯 생생한 기억들이다.

2003년의 일이다. 미국 코넬대학에서 한중일 삼국의 차 문화를 비교 조명하는 페스티벌이 열렸다. 나는 우송이 만든 백자다기를 가지고 가서 한국 부스를 열었다. 일주일간의 행사를 마치고 주최 측의 한 사람인 판潘 교수가 우리 일행을 집으로 초대했다. 예술사학과에서 동양 문화를 강의하는 열정적인 중국계 차인이었다. 일본의 차 문화와 다르게 자연스러운 한국 차 문화에 매료되고, 더하여 우송다기의 아름다움에 흠뻑 빠져버린 그가 다기를 구입할 수 있는 길을 물었다. 5인용 백자다기 한 벌을 우리 돈 80만 원에 구입할 수 있을 때였다. 약 800달러다. 미국 교수 연봉으로 800달러가 무리라고 하기에 우송에게 전화를 걸었다. 우송은 500달러만을 받고 선뜻 다기를 보내주었다.

살아가는 모습 그대로가 작품에 투영될 때 작품은 그 사람을 품게 되고 영원한 생명을 얻는다.

앞에 나서는 것을 좋아하지 않는 사람인지라 도예가 입문 30년이 되는 2001년에야 비로소 첫 전시회가 열렸다. 입에서 입으로 전해져 이미 차인들의 제1호 소장품으로 우송다기를 꼽을 만큼 알려졌을 때였다. 우송이 만든 다기는 백자의 단아한 선, 청자의 우아한 비색翡色, 분청의 질박한 느낌으로 먼 옛날의 그리움을 느끼게 했다. 또한 '작다모(작은 다기를 사랑하는 모임)'가 결성될 만치 작지만 섬세한 조형미는 누구도 따라올 수 없는 우송다기만의 매력이었다. 뛰어난 미감과 함께 삼수三水와 삼평三平이 완벽한 조화를 이루는 실용성은 차인들이 우송다기를 찾는 또 하나의 이유였다. 흙을 고르는 일부터 시작해서 반죽하고 물레를 돌려 성형을 하고 초벌구이를 거쳐 그림을 그려 넣고 유약을 바른 후, 가마에 장작불을 때서 완성품을 꺼낼 때까지의 모든 과정이 전적으로 그의 손에서만 이루어졌다. 그의 그릇들이 기능성과 예술성을 겸비한 최고의 장인 작품으로 사랑받으며 상품 아닌 예술품으로 평가되는 이유일 것이다. 그러나 이보다 더 중요한 것은 그의 작품이 곧 그의 삶을 보여주었기 때문이 아닐까. 『장자』에 나오는 애태타哀駘它는 세상을 놀라게 할 정도의 추남인데다 아는 것이나 주장이 없는데도 불구하고 사람들이 주변에 몰려들었고, 또 몰려든 사람들은 그에게 반해서 떠날 줄을 몰랐다고 한다. 이렇듯 애태타와 같은, 자연의 흐름을 따라 살면서 만물과 함께 봄을 이루는 '여물위춘與物爲春'과 같은 진솔한 삶의 모습이 작품 속에 그대로 녹아든 것이다. 살아가는 모습 그대로가 작품에 투영될 때 작품은 그 사람을 품게 되고 영원한 생명을 얻는다. 문질빈빈文質彬彬이고 표리일체表裏一體의 경지다. 순향純香의 조건은 도예가의 삶이 작품과 하나 될 때 비로소 얻어지는 것이 아니던가.

흙과 몸이 함께 하고 생활이 바로 다기가 되었던 도공 우송이 용면리에서 숨지면서 이천은 또 하나의 전설을 잉태했다. 자신의 전시실과 작업공간이 언젠가는 모두가 함께 즐길 수 있는 문화공간으로 쓰이기를 원했던 그의 바람을 가족들이 잊지 않았기 때문이다. 서울 태생인 그를 도예가로 성장시키고 예술가로 완성시킨 이천은 그에게 제2의 고향이다. 이 자리에 삶의 흔적을 남겨 받은 것을 이 땅에 되돌려주고 싶다는 소망은 자연스러울 수밖에 없다. 즐겨 다관에 그려 넣던 구름처럼 자유롭게, 분청 물항아리에 상감으로 새겨 넣던 매화처럼 맑은 향기를 풍기며, 전시관을 둘러보고 차 한 잔 나누는 사람들의 주변을 부드럽게 맴돌 그를 떠올린다.

돌이켜보면 우송이야말로 가장 완성된 삶을 살았던 행복한 도공이었다는 생각이 든다. 살아서는 작업장이고 돌아가서는 박물관이 될 집을 그는 손수 지었다. 도자세계를 이어갈 수제자로 큰딸 현진을 길러냈고 동양도자사와 박물관학을 전공한 둘째 딸 현아는 이제 우송박물관을 지켜갈 것이다. 그는 40년 반려인 아내로부터 최선의 배필이며 최고의 도공으로 사랑받았던 행복한 남자였다. 또한 소년 시절부터 꿈에도 그리며 40년을 찾아 헤매던 소녀를 드디어 만났던 행운의 남자였다. 백자같이 순결하고 청자같이 맑은 얼굴을 가진 그 소녀는 이름은 남았지만 맥이 끊긴 지 오래인 우리 전통다기의 아름다움이다. '형막약연 연즉불리形莫若緣 緣則不離'라 했다. 외형이 인연을 막지 못하고 떨어질 수 없는 것이 인연이란 뜻이다. 우리 도자사에 길이 남을 위대한 장인의 형상은 우리 곁을 떠나갔지만 소중한 인연의 끈은 그의 딸인 소운素雲 김현진의 손끝을 통해 다시 탄생하고 박물관에 남겨질 유작들을 통해서 언제까지나 이어질 것이다.

대학에도 피는 차꽃

학사차·석사차·박사차

무자년 음력설을 며칠 앞두고 문학동네에서 출간된 차 산문집『푸른 화두를 마시다-차인 이근수의 녹차 이야기』출판 기념회를 위해 뉴욕을 다녀왔다. 뉴저지의 포트리시에 있는 갤러리 옴즈에서 공식 행사를 먼저 가진 후, 맨해튼 코리아타운에 위치한 신라회관에서 두 번째 기념차회를 가졌다. 그날은 마침 1억 명의 시청자가 미식축구의 최종결승전 슈퍼볼 시합을 보는 날이라 거리엔 인적이 거의 끊기다시피 했다. 출판기념회 전날엔 뉴욕 한국일보와 중앙일보 보도에 이어 라디오방송(AM 1668)과의 인터뷰도 가졌다. 현지의 아침 인기프로인 '장미선의 여성살롱'에 게스트로 출연해 30분간 차와 책에 관한 이야기를 나누었다. 아나운서가 궁금했던 모양이다. "회계학 박사님이신데 어떻게 차에 관한 책을 벌써 두 권째 내시게 되었나요?” 첫 번째 질문이었다. 무용에 관한 글을 쓰면서부터 받기 시작한 “어떻게 회계학 교수가 무용을 좋아하게 되었나요?”라는 질문과 같은 맥락이다. 이 질문을 뒤집어본다면 ‘차는 차 전공자들만 마시는 것’, ‘무용은 무용가들만이 즐기는 것’이라는 선입견이 일반화되어 있다는 뜻일지 모르겠다. 무용인들만으로 무용 공연장이 채워질 때 무용이 살아남을 수 없는 것처럼, 차가 일반인들의 생활 속을 깊숙이 파고들어 자연스럽게 습관화될 때에야 차 문화의 꽃이 피고 차 산업도 살아남을 것이다. 질문을 받을 때마다 이런 생각이 스쳐간다.

몸담고 있는 대학에 3학점짜리 일반 교양과목으로 차 강좌를 개설하기로 한 것은 바로 이러한 이유 때문이었다. 차는 현대인의 교양이어야 할 뿐 아니라 젊은이들에게 우선적으로 가르쳐야 할 우리 문화의 소중한 전통이다. 온라인으로 4년제 대학 과정을 진행하는 사이버대학을 맡아 있을 때 ‘한국 차 문화’와 ‘차 문화의 전통과 예절’ 두 과목을 정규과목으로 개설한 경험은 있지만 정규대학의 학부 교양으로서 차 과목 개설은 더욱 특별한 의미가 있다. 과목 명칭은 ‘차 문화의 과학과 미학’이라고 정했다. 문화적 측면에서 뿐만 아니라 넓은 시야에서 전통 차 문화에 대한 종합적 접근이 필요하다는 판단에서였다. 식품영양학

차가 일반인들의 생활 속을 깊숙이 파고들어 자연스럽게 습관화될 때에야 차 문화의 꽃이 피고 차 산업도 살아남을 것이다.

적, 자연지리학적 측면에서 차의 과학성을 탐구해 보고 미학적 면에서 고려와 조선시대 차를 소재로 한 시문들과 도자기, 다른 나라와 비교한 우리 차 문화의 고유한 아름다움을 드러낸다는 목표도 세웠다. 산업적 측면에서 차와 관련된 역사적 사건들과 차 산업의 경제성에 대한 조명도 빠뜨릴 수 없는 중요한 과제로 포함시켰다.

지나치게 광범하고 포괄적이다 보면 자칫 피상적 강의로 끝나기 쉬울 것이다. 이러한 위험을 피하기 위해 네 명의 전공 교수들이 한 과목을 공동 운영키로 했다. 회계학 교수인 내가 주관을 하되 식품영양학과 교수, 지리학과 교수, 국문학과 교수 한 분씩, 모두 네 명의 박사들이 각자의 전문 분야를 담당하면서 한 학기 과목을 완성해가는 통섭 시스템으로 기획해보았다. 박사 네 명이 강의를 분담했으니 이 과목에 박사차博士茶라는 이름을 붙여도 될 듯하다.

박사차 생각을 하니 언뜻 학사차學士茶란 명칭이 떠오른다. 신라 때 당에 유학하면서 문명을 떨치다가 귀국한 한림학사 최치원 선생이 차 씨 한 줌을 가져와 화엄사 근처에 뿌린 것이 학사차의 유래가 되어 전남 구례에서는 작설차를 학사차라 부른다는 고사 때문이다. 지금은 대학을 졸업하면 모두 학사모를 쓰지만 그때만 해도 학사란 최고의 선비에게 붙이는 귀한 존칭이었던 모양이다. 화엄사차의 유래가 흥덕왕 때 대렴의 기록보다 앞서는 것인지는 확인할 길이 없지만 일찍이 작고하신 화엄사 혜운 스님이 그렇게 말씀하셨다는 기록이 남아 있다.(김명배, 『다도학』)

과목에 대한 입소문이 번져나가면서 학생들의 반응은 점점 뜨거워졌다. 140명을 수용하는 대형 강의로 개설했는데도 학생이 넘쳐 두 강좌를 열어야 할 정도였다. 학부에 차 과목을 개설하기로 했다니까 대학원생들도 이 과목을 들을 수 없겠느냐는 요청이 왔다. 이에 경영대학원의 문화예술경영학과 석사과정에 '차 문화의 미적 경영'이란 이름으로 전공과목을 개설했다. 차 문화의 예술적 측면을 강조하면서 차 산업의 경영 문제도 다루기로 했다. 석사과정 학생들이 차 과목을 듣고 졸업하면 그들이 마시는 차에는 석사차碩士茶란 이름을 붙이는 것도 재미있을 듯하다. 경기도 이천 용면리에 있는 우송요를 방문했을 때, 도공 우송의 두 딸이 정성스럽게 차를 포장하고 있는 모습을 본 적이 있다. 백양사 방장스님으로 계시다가 입적하신 수산 스님이 전승해주신 방법으로 법제한 돈차를 꾸러미로 꿰어 예쁜 상자에 담는 것이었다. 지금은 전하지 않고 있지만 아마도 이 차

신라 때 당에 유학하고 문명을 떨치다가 귀국한 한림학사 최치원이 차 씨 한 줌을 가져와 전남 구례에서는 작설차를 학사차라 부른다.

가 월출산 도갑사 부근에 있는 금성산 찻잎을 엽전 모양으로 제조했다는 '금성월산차金星月山茶'의 후신이 되는 것은 아닐지 모르겠다. 두 자매는 모두 석사학위를 받은 재원들이다. 예술 분야에서 석사학위를 받은 두 자매가 함께 만들고 있는 이 차에 석사차란 이름을 붙이면 어떻겠느냐고 하면서 한바탕 웃었던 기억이 난다.

우리 차도 이제 단순한 마실 거리란 차원을 넘어 체계적으로 학문의 조명을 받을 때가 된 것 같다. 차에 대한 대학의 관심은 이제 비로소 걸음마를 내딛기 시작한 단계지만 천 리 길도 한걸음부터다. 『중용』의 표현을 빌린다면 '지원지근知遠之近', 즉 먼 곳도 가까운 곳에서 시작됨을 알아야 할 것이다. 대학에서 차가 교양과목을 넘어 전공과목으로 채택되고 다른 명문 대학에도 차 과목이 개설되고 차 연구도 활발해져 우리 차를 주제로 한 논문이 쏟아져 나오고 차 산업을 국가의 전략산업으로 육성하기 위한 정책들이 구체화될 날이 오기를 기대해본다.

샴발라
티베트 불교무용과 순수의 미학

소승과 대승은 비교적 익숙한 불교용어지만 최상승最上乘 혹은 금강승金剛乘이라면 대부분의 사람들에겐 생소할 것이다. 대승사상이 중심이 된 한국, 중국, 일본 불교와 달리 달라이라마Dalai Lama로 대표되는 티베트 불교가 국내에 소개된 적이 드물기 때문이다. 달라이라마의 국제적 인기를 바탕으로 서구사회에 급속히 전파되고 있는 티베트 불교가 '샴발라SHAMBHALA'란 제목의 현대무용 작품으로 국내 무대에 올랐다.(2014년 8월 2일~3일, 국립극장 하늘극장) 샴발라는 영혼의 낙토 혹은 극락(천당)을 뜻하는 티베트어다. 티베트인 무용가이자 연출가인 완마 지안추오가 베이징에 설립한 완마댄스컴퍼니Wanma Dance Company가 2012년 베이징에서 처음 공연한 작품으로 뉴욕과 시카고 등 해외 공연을 거친 후 한국을 찾아온 것이다.

젊은 스님 하나가 향불을 들고 순례하듯 무대 구석구석을 순회하면서 공연이 시작된다. 어린 동자승이 커다란 소라고둥을 들고 무대 가운데로 걸어 나와 힘주어 고둥을 불어댄다. 세찬 파도소리가 배경음이다. 무대 깊은 곳에선 채색된 모래를 붓 삼아 거대한 만다라 그림이 그려지기 시작한다. 무대 중앙에 그려진 커다란 원으로 조명이 쏟아진다. 원 주위를 회전하며 춤추던 8명의 남녀 무용수들이 오체투지식으로 원 안으로 몸을 던져 엎드린다. 무거운 관을 쓴 라마가 천상에서 내려오듯 계단을 내려와 무대 앞으로 나온다. 양손에 새의 깃털과 활을 들고 있다. 오직 스승(라마)에게서 제자로 비밀한 형식으로 전승되는 티베트 불교의 특징을 보여주는 듯하다. 뒷면 벽에는 커다란 연꽃 한 송이가 피어났다. 순결과 지혜, 포용을 뜻하는 연꽃은 불교의 상징이자 무용단이 추구하는 춤의 목표이기도 하다.

명상과 순례 등 구도자의 진지한 수행 모습이 솔로와 2인무, 3인무로 다양하게 표현된다. 새들이 날아와 수행자의 주검 앞에 모여든다. 들판에 주검을 놓아둔 채 새들에게 맡기는 천장天葬의 모습이다. 새가 인도하는 영혼은 샴발라로 날아오르고 현세의 주검은 사람들의 어깨에 실려 이승을 떠나간다. 소쿠리에 채색모래를 가득 담은 사람들이 차례로 등장해서 만다라를 완성해간다. 공동농장에 씨를 뿌리듯 붉은색과 녹색, 흰색과 검은색, 황색의 오색 모래가 출연자들 모두에 의해 질서 있게 뿌려지면서 완성되어가는 만다라는 불교가 추구하는 이상세계인 우주를 상징한다. 무대를 가득 채우며 완성된 만다라가 화려하게 빛나는 순간 그림은 허물어지기 시작한다. 색들이 뒤섞이며 오색 모래가 공중에 날고 사람들은 모두 한 덩어리가 되어 뒹굴며 무대를 누빈다. 색즉시공色卽是空이고 공즉시색空卽是色이다. 색을 통하지 않고는 공에 도달할 수 없지만, 공은 색을 잊음으로써 비로소 완성된다. 정성 들여 만다라를 그리고 순식간에 이를 파괴함으로써 그들은 만법을 모두 통달하고 해탈에 이르더라도 결국 남는 것은 공空일 뿐이라는 진리를 보여주는 것이다. 달을 찾기 위해 손가락으로 달을 가리키지만 달을 찾은 후에는 손가락을 잊어야 한다는 것과 같은 논리일 것이다. 다시 무대 한 가운데로 걸어나온 동자승이 소라고둥을 불어댄다. 세찬 파도소리가 들리고 바람이 불고 있다. 소승이든 대승이든 금강승이든 불교의 가르침은 다르지 않다. 자연이 영혼의 고향임을 깨닫는 것이 바로 해탈의 진실일 것이다.

소승이든 대승이든 금강승이든 불교의 가르침은 다르지 않다. 자연이 영혼의 고향임을 깨닫는 것이 해탈의 진실일 것이다.

〈샴발라SHAMBHALA〉는 밀교密敎; Esotericism 혹은 금강승Vajrayana으로 알려진 티베트 불교의 핵심사상을 모티브로 삼은 현대무용 작품이다. 티베트 불교 춤의 바탕인 전통춤에 현대무용 테크닉이 결합된 춤사위로 80분간 지속된 공연은 신선했다. 낯선 관객들에게는 지루하게 비쳐질 수도 있는 수행 부분의 10분 정도를 줄인다면 짜임새가 더욱 돋보일 것이다. 수행자를 연상케 하는 무용수들의 단련된 몸매는 아름다웠고 그들의 춤에서는 수행자와 같은 진정성이 느껴졌다. 만다라를 완성시킨 오색모래의 물결은 불교미술의 정수일 뿐 아니라 무대미술의 완성된 미학을 보여준 소중한 기억이다. 티베트 불교를 소개하는 교육적 효과와 함께 민속춤의 당대성을 함께 획득한 이 작품이 조명과 음향이 완비된 대극장 무대에서 더 많은 관객들에게 보여지지 못한 것이 아쉬움으로 남았다.

액세서리가 되어버린 불쌍한 불상들

절에서는 불상과 경전과 스님을 세 가지 보물로 여긴다. 흔히 주지삼보住持三寶라고 일컫는 것인데 불상은 석가모니〔佛〕를, 경전은 그가 깨달은 진리〔法〕를, 그리고 스님은 그 진리를 배우려는 사람〔僧〕을 상징한다. 국립현대무용단이 불전이 아닌 공연 무대 위로 불상을 끌어들였다. 제목도 그냥 불상이 아닌 〈불쌍〉(2014.3.21~22, 예술의 전당 토월극장)으로 고쳤다. 불쌍해진 부처님이란 뜻이라면 그에게 불가에서 중요시하는 측은지심惻隱之心이 있는 것으로 해석할 수 있고, 다만 소리 나는 대로 적은 것이라면 이는 불교를 종교적 차원이 아닌 가변적인 하나의 사회 현상이라고 보고 있다는 증좌일 것이다.

사람들은 누구나 자기만의 불상을 하나씩 간직한 채 세상을 살아가고 있는지 모른다.

막이 열린 무대 위에 수많은 불상들이 흐트러진 채 놓여 있다. 석가모니불과 관음보살상도 있지만 수염을 길게 늘어뜨린 관우의 신상이나 흰 옷을 입고 구름을 타는 듯한 신선 모습 조각상도 있다. 심지어 예수와 마리아를 본뜬 불상도 보인다. 불상마다 사람이 하나씩 붙어 있다. 합장한 채 부처님께 공손히 절을 올리는 이가 있는가 하면 불상을 옆에 끼고 이리저리 움직이기도 하고 장난감처럼 사용하기도 한다. 사람들은 누구나 자기만의 불상을 하나씩 간직한 채 세상을 살아가고 있는지 모른다. 현대인에게 있어 불상은 단지 물신사회에서 살아가는데 갖춰야 하는 액세서리나 부적으로 여겨질 뿐인 것은 아닐까. 이것이 〈불쌍〉이 주는 핵심적 메시지일 것이다.

불상이 치워진 공간에서 춤이 시작된다. 태극권이나 오금희五禽戲 동작을 원용하고 있는 중국 무예 춤은 삭발한 김동현의 몫이고 연이어 동양의 전통 춤사위에 현대무용 동작들이 접목된다. 머리에 무언가를 이고 행진하는 여인들의 모습이 무대 뒤 벽면에 실루엣으로 나타난다. 불전에 올릴 공양물인가 했더니 한쪽씩 해체되어 공중에 날리는 놀이기구가 되기도 하고 이는 다시 모아져 불탑이 되고 담장이 된다. 한쪽 공중에 매달린 채 끊임없이 흔들리는 금빛 불상과 술집의 바텐더 뒷벽에 설치된 장식장 칸칸마다 안치된 미니어처 불상들……. 설치미술가 최정화의 감각적인 소품과 김종석의 무대디자인이 자연스럽게 춤과 어울린다. 시종일관 짧은 박자로 낮지만 명확한 기계음을 반복하는 음향 역시 물신시대의 문화적 코드를 표현하는 데 효과적이다.

〈불쌍〉의 초연을 본 것은 2009년 LG아트센터에서였다. 그다음해 호암아트홀 무대와 2013년 가을 자카르타의 아트 서미트 인도네시아Art Summit Indonesia 초청공연을 거치며 작품은 한결 세련되고 완성도가 높아졌다. 동서양 다양한 문화들 사이의 충돌과 융합, 시공간 변화에 따른 전통문화의 변용 등 작품의 스토리텔링이 강화되면서 국립현대무용단을 대표하는 레퍼토리가 될 가능성도 농후해졌다. 2014년 국립현대무용단의 시즌 프로그램 주제를 '역사와 기억'으로 정한 것도 이와 무관하지 않을 것이다.

안애순은 〈열한 번째 그림자〉, 〈온 타임〉, 〈비명-기억의 놀이〉 등 창작무용을 통해 우리의 전통을 바탕으로 한 놀이문화의 해석에 남다른 관심을 기울여왔다. 문화 현상의 포착에 남달리 예민한 눈을 가지고 있는 그의 관심이 이제 한국에서 동양으로 확대되고 민속에서 종교로 확장되어가고 있는 것은 바람직

한 진전이다. 홍승엽의 뒤를 이어 제2대 단장으로 취임한 안애순이 국립현대무용단이라는 날개를 등에 업고 어디까지 비상할 수 있을까. 단지 문화 현상의 예리한 포착이라는 단계를 넘어 관객들에게 깊은 울림을 주는 작품으로 개화할 수 있어야 할 것이다.

무상에 심은 고독한 발레리노의 꿈

어둠 속에서 법고 소리가 나직이 울려온다. 빛이 들어 면 무대 한가운데 설치된 계단 앞에 흰 장삼을 걸친 스님이 좌해 있다. 계단이 끝나는 곳에 놓인 커다란 법고 앞에서 관 보살이 천천히 계단을 내려온다. 스님과 보살, 여인의 3인무 가 시작된다. 보살은 부처이고 여인은 중생이다. 부처와 중생의 사이에 스님이 있음을 상징한다. 무대 네 귀퉁이에서 등장한 여 인들이 두 줄로 늘어서며 통로를 만들고 보살이 공중에 들려 불 전 앞을 떠나간다. 여인들의 군무가 계속되는 사이 화면엔 사계 의 변화가 영상으로 흘러간다. 낙엽 지는 을씨년스러운 가을 풍 경에 이어 대지에 쌓이는 하얀 눈송이가 겨울을 알려주고 초목 이 싹터오는 봄날의 정경과 여름의 짙푸른 녹음이 연속으로 펼쳐진다. 사계의 풍경에 이어 나타나는 별자리 영상은 끊임없이 되풀이되는 시간의 무한성을 보여준다. 계절 따라 여인들의 의상도 바뀐다. 갈색에서 붉은색으로, 다시 흰색과 녹색으로 갈아입는 색감이 세련되고 브람스의 클래식한 음악은 고즈넉한 산사의 정경과 조화를 이룬다. 불도와 세속의 선택에서 망설이던 스님이 하산을 결심한 듯 장삼을 벗어던지고 여인들의 군무 속에 어울린다.

이상만의 〈무상〉 공연.

도박과 이권, 다툼이 끊이지 않는 속세의 모습은 검은 옷의 군상들, 주사위판과 돈 가방으로 그려지고 야한 의상의 남녀가 흥청거리며 춤추는 재즈 바는 정욕과 타락이 판치는 사회상이다. 재즈선율과 시끄러운 전자음, 팝 음악의 가사가 말해주듯 믿을 수 없고unreliable, 무책임하며irresponsible, 불확실하고

unpredictable, 무방비적인undefensible 세상에 스님도 함께 있다. 화면에는 불규칙한 디지털 이미지가 어지럽게 명멸한다. 합장한 여인들이 나타나고 보살 춤이 스님에게 손짓한다. 환속을 결행했지만 속세에 적응할 수 없는 스님은 다시 산으로 돌아간다. 흰 장삼을 챙겨 입고 불전에서 그를 맞아주는 보살과 함께 환희의 춤을 춘다. 주지스님이 등장한다. 불도를 버리고 욕심을 따라 산을 떠났다가 돌아온 젊은 스님을 포용할 것인가. 장삼이 벗겨지고 스님은 계단을 올라 법고를 두드린다. 찢겨진 법고와 장삼을 벗은 스님을 애처로워하는 관음보살의 춤이 삶의 무상이란 슬픈 메시지를 남겨준다.

발레를 처음 시작하던 날, 아라베스크에 취해 그 동작이 일생동안 계속될 것 같은 예감에 몸을 떨었다는 그.

문화관광체육부의 2013년 창작산실지원사업에 선정된 작품인 리발레단(단장 이상만)의 〈무상無常〉(2013.12.26~27, 아르코예술극장 대극장)이 전해주는 스토리텔링이다. 텍스트가 단순하고 창의성이 약한 것, 춤이 스님 역의 정설웅에 집중되면서 보살 춤의 지다영이나 군무 등과 밸런스를 잃은 것은 아쉬운 부분이다. 그러나 다양한 음악과 다채로운 의상, 감각적인 조명과 영상이 작품에 녹아들어 전체적으로 작품은 편안하고 여운이 있다. 대본과 안무를 맡고 직접 무대에도 오른 이상만(순경과 주지스님)이 작품 속에 자신의 삶을 투영하고 있기 때문일 것이

나이에 아랑곳없이 언제나 뜨거운 자유를 꿈꾸는 영원한 현역 발레리노 이상만.

다. 힘들게 투병생활을 계속하고 있는 그는 첫날과 둘째 날 모두 의사의 만류를 뿌리치고 무대에 올랐다. 〈무상〉이 그의 마지막 작품이 될지도 모른다는 절실함이 그를 춤추게 하고 관객들의 마음을 떨리게 했을 것이다.

한양대를 졸업한 이상만은 22세 나이로 임성남발레단에 입단한 후, 국립발레단 주역을 거쳐 내셔널 일리노이 발레단 National Ballet Illinois과 뉴욕발레단New York Downtown Ballet Co. 등에서 활약하다가 리발레단을 창단하고 1995년부터 한국에 정착했다. 〈메밀꽃 필 무렵〉(1997), 〈무녀도〉(1999), 〈아리랑〉(2001), 〈금시조〉(2004), 〈춘향〉(2006), 〈바람의 화원〉(2010) 등이 한국에 돌아온 후 만들어진 작품의 제목들이다. 향토색 짙은 한국적 소재를 찾아내고 토속적 정서에 서양적 발레 언어를 접목시키는 독특한 발레 세계를 구축해온 그를 한류발레의 원전이라고 부를 수 있을 것이다. 40년 넘도록 발레 한 길만을 걸어온 66년의 역정에서 그가 발견한 진실은 결국 삶의 '무상함'이었을까. 독립무용단으로서의 힘겨운 살림을 감내하면서 귀국 후 한해도 거르지 않고 무대에 작품을 올렸던 그의 뜨거운 발레 사랑이 추구한 것은 무대만이 줄 수 있는 뜨거운 자유, 그리고 그 자유로운 공간에서 마음껏 펼칠 수 있는 눈부신 선택 때문이었을까. 지난 10월, 무상을 안무하며 안무 노트에 남긴 고독한 메시지가 기다란 여운으로 남는다.

> 혼자 날기엔 너무도 쓸쓸해
> 나의 몸은 빨갛게 타고 있어요.
> 그 겨울엔 세상을 변화해보고 싶은 열정의 고뇌와
> 빨갛게 타다 못해 열기 속에서 품어내는
> 사치스런 고독이 떨고 있겠지…….
> 그곳엔 또 다른 자유와 눈부신 선택이 기다릴 거야.
> 겨울의 '무상'이 날 기다리고 있기에,
> 그것은 오직 하나뿐인 나의 뜨거운 자유이기에…….

발레를 처음 시작하던 날 아라베스크에 취해 그 동작이 일생 동안 계속될 것 같은 예감에 몸을 떨었다는 그. 나이에 아랑곳 없이 언제나 뜨거운 자유를 꿈꾸는 영원한 현역 발레리노였던 이상만은 이 작품을 마지막으로 남기고 그로부터 한 달도 채 못 되어 세상을 떴다. 세상을 변화시켜보고 싶은 열정의 고뇌를 그대로 남긴 채 그 겨울에 이승을 떠나고 만 것이다. 그의 쾌차를 빌면서 새로운 봄을 기대하던 마음들을 모두 뒤로 한 채다. '무상'이란 마지막 작품의 제목처럼 그의 삶도, 아니 우리 삶의 모습도 이렇게 무상한 것인지 모른다. 그러나 그가 남긴 노트대로

“그곳엔 또 다른 자유와 눈부신 선택이 기다릴 것”이고 “그것은 오직 하나뿐인 뜨거운 자유”일 것임을 애써 믿어본다.

삶과 죽음에 대한 춤의 상상력

"태어나서 제대로 사는 사람이 10분의 3, 명대로 살다가 죽는 사람이 10분의 3, 사람으로 태어나 스스로 자신을 죽음으로 몰고 가는 사람도 10분의 3"이라고 노자는 말했다. 철학을 죽음의 연습이라고 말한 철학자가 있는가 하면 "참된 철학자는 결코 죽음을 생각하지 않는다. 철학자의 지혜는 죽음에 대한 명상이 아니라 삶에 대한 명상이다"라고 말한 스피노자 같은 철학자도 있다. 동서고금을 막론하고 삶과 죽음은 인간이 갖는 궁극적인 숙제이고 모든 예술가가 다루고 싶어 하는 영원한 주제이기도 하다. 삶과 죽음을 다룬 2014년의 무용작품 중 몇 개를 여기 소개한다.

전설과 현실의 조우

춤을 좋아하는 사람은 객석에 앉고 춤을 사랑하는 사람은 무대에 선다. 무대에 선 춤꾼 중에서도 진정으로 춤을 사랑하는 사람만이 최고의 작품을 만들 수 있을 것이다. "무엇보다도 자타가 인정하는 춤꾼 '예술가 김선미'라는 호칭을 받는 것이 마지막 목표"라고 말하는 김선미는 분명 그들 중 하나일 것이다. 그가 신작을 발표했다(2014.12.21, 아르코예술극장 대극장). 문화예술위원회가 지원하는 '2014 무용창작산실지원사업'에 선정된 대극장 부문 우수작품 중 하나인 〈천千〉이다. 페르시아 왕자와 신라 공주의 사랑과 죽음을 담은 천년 전 페르시아의 전설을 현실로 불러온 특이한 소재로 60분 공연 시간 내내 나를 떨리게 한 작품이었다.

아랍과의 전쟁에서 패한 페르시아 왕자는 동쪽 끝까지 밀려온 후 신라 왕궁에 머물면서 재기를 기다린다. 신라 공주와 사랑에 빠진 그는 왕에게 간청하여 공주와 결혼에 성공한다. 부왕의 뜻에 따라 내키지 않은 결혼을 한 공주는 페르시아로 돌아가는 왕자를 따라 기약 없는 먼 길을 떠나간다. 그가 낳은 아들이 페르시아를 구해내고 새로운 나라를 세우지만 공주는 결국 돌아오지 못하고 이역 땅에서 한 많은 생을 마감하게 된다. 그녀의 외로운 혼을 천년 후의 현실로 불러내고 또 아버지 왕을 불러내어 1천 년 만에 두 부녀의 슬픈 해후가 이루어진다. 붉은 장삼을 입은 만신(김선미)이 안개 자욱한 어둠 속에서 공주(최지연)를 불러내 마주 선다. 전설 속 장면과 현실이 뒤섞이며 춤이 피어난다.

동서고금을 막론하고 삶과 죽음은 인간이 갖는 궁극적인 숙제이고 모든 예술가가 다루고 싶어 하는 영원한 주제이기도 하다.

작품은 이분법적 구도로 전개된다. 스토리를 구성하는 두 개의 기둥이 전쟁과 사랑이고 천년의 시간을 달리한 과거와 현재, 만신의 부름에 따라 넘나드는 이승과 저승이 기본적인 구조다. 그래선지 이 작품에서는 2인무가 강조된다. 첫 번째 춤은 김선미와 최지연의 솔로 대결이다. 김선미의 춤은 빠르고 직선적이며 힘이 넘치는 반면 최지연의 춤은 느리고 곡선이며 부드럽다. 창무회의 대표적 춤꾼이기도 한 김선미와 최지연의 듀엣은 묘하게 조화를 이루며 역동성과 서정성 두 마리 토끼를 다 잡은 느낌이다. 페르시아 왕자와 공주의 듀엣은 왕자의 적극적인 구애와 공주의 소극적인 반응이 대비되면서 힘겹게 결혼을 받아들여야 하는 공주의 안타까운 숙명을 보여준다. 왕자군과 적군의 승패는 장검을 든 남성 2인무로 처리된다. 장황하게 전쟁 장면을 묘사하는 대신 쌍검무로 미니멀하게 표현한 것이 돋보이지만 일본도를 사용한 것은 아쉽다. 2인무 외에 라이브로 연주하는 사물놀이에 맞춰 추는 바라춤이 화려한 볼거리다. 흰 옷을 입고 양손에 든 커다란 바라를 부딪치며 빠른 동작으로 상하좌우의 공간을 가르는 역동적인 남성 4인무다. 천년에 얽혀진 한을 풀어내어 공주의 극락왕생을 기원하기 위한 춤으로는 바라춤이 제격이었을 것이다. 충분한 볼거리를 제공해주면서 무대의 절반을 안개로 채워 이승과 저승 혹은 전설과 현실이 교차하는 환상적인 분위기를 조성한 무대연출과 조명도 인상적이다. 춤과 함께 공연 시간 내내 스크린을 장식하는 황정남의 영상도 효과적인 스토리텔링을 위해 큰 몫을 하고, 화려한 듯 담백한 한진국의 의상미도 빼놓을 수 없는 시각적 요소였다.

〈천〉은 이국땅에 묻혀 잊혀간 공주의 넋을 위로하기 위한 영산재 형식을 택했다. 김성의, 임지애, 윤지예 등 기라성 같은 창무회 춤꾼들이 군무를 통해 서정적인 여인 춤의 향기를 풍기고 힘과 활력을 발산하는 남성 바라춤과 어울리면서 대사 없는 춤이 연극보다 강력한 스토리텔링 능력을 보여줄 수 있다는 사실을 확인시켜준 것이 고맙다. 2014년 대미를 장식한 김선미 최고의 작품으로 평가하고 싶다.

국립무용단과 테로 사리넨의 상생공식

무대 가장 깊은 곳에 선 무용수에게 조명이 모아진다. 동트기 전 희끄무레한 어둠 속에 한 남성의 윤곽이 희미하게 드러난다. 몸 뒤에서 쏘는 조명 빛을 받아 확대되기 시작한 그림자가 객석 위 공간에 검은 구름처럼 크게 투영된다. 검은 망사 의상에 몸매가 드러난 여인이 무대 가운데로 걸어 나온다. 나지막이 들려오는 규칙적인 북소리가 원초의 신비스러움을 더해주는 곳에 검은 옷의 남녀(이정윤, 김미애)가 어우러지며 태초의 에너지가 분출되기 시작한다. 태극으로부터 음과 양, 즉 양의兩儀가 생겨나고 음양의 조화가 천지간 모든 변화의 모태라는 것이 주역사상의 기본이다. "하나의 양과 하나의 음이 만나서 도를 이루며 이것을 계승하는 것이 선一陰一陽爲之道 繼之者善"이라는 도덕경 구절을 춤으로 읽는 것 같다. 1990년대 초 일본에 머물면서 부토 춤과 동양의 전통적 자연관에 익숙해진 핀란드 현대무용가 테로 사리넨Tero Saarinen에게 있어 도道는 자연이고 선善은 춤이다. 사실에 대한 시적 표현력을 갖춘 현대무용 안무가로 알려진 그가 국립무용단을 만나 동양철학의 진수를 어떻게 표현해낼 것인가. 첫날과 마지막 날, 국립무용단의 2014년 신작 〈회오리 VORTEX〉(2014.4.16.~19, 국립극장 해오름극장) 공연을 보면서 머리를 떠나지 않던 생각이었다.

테로 사리넨 안무의 국립무용단 작품 〈회오리〉.

80분 공연은 세 개의 주제를 순차적으로 보여준다. 밀물과 썰물의 움직임을 형상화한 '조류tides'는 영겁의 세월을 거치면서 쉬지 않고 운동하는 자연의 법칙을 빛과 소리와 사람을 통해 보여준다. 검은 듀엣에 이어 흰색 듀엣(최진욱, 박혜진)이 등장하여 4인무를 이루다가 점차로 흰색을 주조로 변화해가는 모습에서 두 번째 주제인 '전승transmission'의 은유를 읽어낼 수 있다. 앞서 추는 검은 듀엣이 동적이고 외면적이라면 뒤에 나타나는 흰색 듀엣은 정적이고 내면적이다. 두 날개를 힘차게 퍼덕이면서 무대를 누비는 남성무용수(송설)의 큰 몸짓을 통해, 전승된 에너지가 새로운 도약과 완성을 향한 '회오리바람vortex'을 일으킬 수 있다는 메시지가 세 번째 주제다. 테로 사리넨의 섬세한 감성과 국립무용단의 격조 높은 표현력이 물 섞이듯 자연스럽게 융합하면서 최고의 궁합을 성취했다고 평가할 수 있다.

음악감독 장영규가 이끄는 '비빙'의 역할을 빼놓을 수 없다. 비빙은 가야금, 피리, 해금, 북 등 국악기 외에 소리꾼까지를 포함하고 있는 전통음악그룹이다. 불교음악과 즉흥을 뒤섞으며 고요한 바람소리와 너울지며 밀려오고 밀려가는 파도소리, 정감 어린 산사의 풍경을 시종일관 부드러운 톤으로 그려낸다. 소리꾼(이승희)의 찬불가에 맞춰 백댄서가 된 듯 춤추는 국립무용단원들을 보는 것도 이채롭다. 사리넨과 오랫동안 호흡을 맞춰 온 조명감독 미키 쿤투와 의상디자이너 에리카 트루넨의 작업도 인상적이다. 검정과 흰색, 그 중간색을 주조로 한 조명과 의상은 일본 부토 춤에서 영향을 받은 듯하다. 지나치게 단조로운 색깔만을 고집하기보다는 넘쳐 오르는 에너지의 표현을 위해 후반부에선 태극의 붉은색과 푸른색을 옷 입혀도 좋았을 것이다. 피날레를 장식한 군무와 회오리춤 또한 일품이었다. 사리넨이 심취했던 동양 무예의 품새들이 힘과 기와 예가 하나로 결집된 국립무용단을 만나 군무의 미학을 새롭게 창조한 감동적인 장면으로 기억될 것이다.

망령들의 왕국, 〈라 바야데르〉

"〈라 바야데르〉를 즐길 수 없는 사람이라면 그는 결코 발레를 즐길 수 없을 것이다." 영국의 유명한 무용평론가 클립 반스Clive Barnes의 말이다. 신전의 무희인 니키아에 대한 두 남자 솔로르와 브라만의 사랑, 솔로르의 약혼자 감자티 공주의 니키아에 대한 치명적 질투, 사랑과 세속적 권력 사이에서 잠시 방황하지만 결국은 죽음으로 사랑을 찾아가는 솔로르의 순애보, 파계승 브라만의 니키아에 대한 정욕……. 인도의 신전과 왕실을 배경으로 펼쳐지는 스토리만으로도 엄청난 로망이다. 그러나 이것만이 〈라 바야데르〉의 전부가 아니다. 공주의 계략으로 독살당한 니키아가 순백의 망령이 되어 서른한 명의 다른 망령들과 함께 느린 아다지오 음악에 맞춰 춤추는 군무야말로 이 작품의 백미이고 클립 반스의 말을 탄생시킨 명장면이기 때문이다.

'망령들의 왕국The Kingdom of the Shades'이란 부제가 붙어 있는 〈라 바야데르La Bayadere〉의 원작자는 〈백조의 호수〉, 〈잠자는 숲 속의 공주〉, 〈돈키호테〉 등으로 유명한 마리우스 프티파다. 루돌프 누레예프와 나탈리아 마카로바가 각각 영국 로열발레단과 아메리칸발레시어터를 위해 새로 안무했던 이 작품을 유리 그리가로비치가 국립발레단을 위해 다시 안무했다. 나는 다섯 차례의 공연(2014.3.13.~16, 예술의 전당 오페라극장) 중 첫날 공연을 보았다. 무대와 의상(루이자 스피나텔리), 연주(코리안심포니 오케스트라)는 2013년과 동일하고 지휘는 주디스 얀이 새로 맡았다. 출연진에도 전년과 커다란 변화가 없다. 그런데 어쩐 일일까. 작품은 전혀 다른 느낌으로 내게 다가왔다.

우선 전체적으로 조명이 밝아지고 무용수들의 몸이 가벼워졌다. 2013년 공연을 보면서 무대를 밟을 때마다 무용수들이 내는 둔탁한 소리들이 귀에 거슬렸던 것과는 대조적이다. 표정에 생기가 넘치고 자신 있게 내딛는 동작 하나하나에 감정이 모두 이입되어 있는 것을 느낄 수 있어 전연 다른 무용단의 공연을 보는 것 같았다. 3막에서 보여준 망령들의 춤은 역시 이 작품의 하이라이트다. 순백의 튀튀를 입은 32명의 정령들이 길게 줄을 이루며 산꼭대기에서부터 Z자 모양으로 난 언덕길을 차례로 내려온다. 멈춰 섬과 움직임을 서른두 번이나 반복하는 아라베스크 동작이 이어진다. 감정이 들어 있지 않은 듯 냉정하고 정지해 있는 듯 단순한 춤이지만 범접할 수 없는 위엄이 서려 있다. 언덕을 다 내려온 그들은 무대 위에 네 줄을 만든다. 얼굴은 한 줄씩 번갈아 오른쪽과 왼쪽을 향하고 있다. 모두가 하나가 된 것처럼 통일된 움직임이다. 사랑의 약속을 저버린 남성에 대한 연민과 망령의 세계로 들어온 니키아를 위로하는 의식과 같은 군무는 지젤에서의 윌리 춤을 연상케 한다. 망령들이 사리진 후 혼자 남은 솔로르 앞에 니키아의 모습이 영상으로 떠오른다. 그들의 비극적인 사랑이 맺어질 곳은 이승이 아니고 망령들의 왕국에서일 것이다.

강수진표 국립발레단이 보여준 〈라 바야데르〉.

국립발레단은 이번 공연을 통해 확연히 달라진 모습을 보여주었다. 〈라 바야데르〉를 이렇게 춤출 수 있는 단체는 흔치 않다. 강수진 예술감독 취임 후 첫 공연이니 이를 강수진 효과라고 보아도 좋을 것이다. 독일 명문 발레단 출신의 정통 발레리나를 예술감독으로 맞은 관객들의 기대는 크다. 선화예고 재학 중 독일로 건너간 그는 1986년 슈투트가르트발레단에 입단하여 1997년부터 수석무용수로 활동하고 있는 최고의 현역 발레리나다. 그가 정통 유럽 발레를 국립발레단에 접목시키고 국립 단체들에 드리웠던 어두운 정치색을 벗겨내어 백조처럼 순수한 발레 춤의 예술성을 회복시킬 수 있기를 바란다.

한 나무가 한 사람에게 가서
악기가 되었습니다.

한 사람도 한 나무에게 가서
소리가 되었습니다.

악기와 소리가 바닷가를 찾아가
밤새도록 모래밭을 걸으며
바닷소리에 젖고 있습니다.

— 이성선, 〈사랑〉

제3부

그리움, 그때 그곳 그 사람들

할머니의 머릿장

대학을 졸업하고도 한참 직장 경험을 쌓은 후 느지막이 떠난 유학 시절, 할머니는 여든을 막 넘긴 나이로 세상을 뜨셨다. 임종을 지키진 못했지만 다니시던 교회의 저녁예배를 마치고 돌아와 잠자리에 드신 후 주무시는 모습 그대로 편안하게 영면하셨다고 한다. 벌써 오래전 일이지만 할머니를 떠올리면 지금도 내 마음을 아프게 하는 두 가지 기억이 남아 있다.

첫 직장을 잡은 후 얼마 되지 않아 서울 변두리에 자그마한 집을 장만해서 이사를 했다. 가난한 살림살이였지만 서울로 올라온 온 후 처음 갖는 집이기에 어머니는 궁상이 낀 시골집 가구들을 모두 바꾸고 싶어 하셨다. 할머니가 시집올 때 가져오신 낡은 머릿장이 문제였다. 석 자쯤 되는 키에 서랍 네 개가 나란히 달려 있고 그 아래 여닫이로 문을 열게 되어 있던 가구는 몸통에 까만 옻칠을 했던 것으로 기억한다. 화려한 모습도 아닌 낡은 가구였지만 오래 된 것이라는 사실만으로도 보존할 가치가 있다는 것을 알지 못했을 때였을까. 어느 날 회사에서 돌아와 보니 그 자리에 새 가구가 놓여 있었다. 수십 년 당신의 손때 묻은 가구를 잃어야 했던 할머니의 아픔을 그때의 나는 이해하지 못했다. 할머니의 머릿장을 되찾고 싶은 마음을 줄곧 갖고 있었다고 말할 수는 없다. 그러나 시간이 있을 때 인사동 고가구집이나 황학동 풍물거리를 둘러보고, 해외여행 중에도 방문지의 앤티크 가게들을 들러보는 버릇이 생긴 것이 저변에 깔린 무의식의 소산이 아니라고 말할 수도 없을 것이다.

수십 년 당신의 손때 묻은 가구를 잃어야 했던 할머니의 아픔을 그때의 나는 이해하지 못했다.

미국 애틀랜타에서 북쪽으로 한 시간쯤 떨어진 소도시를 방문했을 때 오래된 다운타운에 있는 골동품 가게에서 한국의 장롱을 발견한 것은 차라리 기적이라 할 수 있었다. 아무도 눈여겨보지 않는 한구석에 중국식 가구들과 겹쳐져 먼지를 허옇게 뒤집어쓰고 있는 모습은 첫눈에 보아도 낯익은 우리 의장依欌임이 분명했다. 다섯 자쯤 되는 키에 아래 장에 네 개의 서랍이 가로로 달려 있고 아래위로 여닫이문이 두 개 달린 2단 장이었다.

상하에 대각선 모양으로 여러 줄 뻗쳐 있는 거무스레한 무늬로 먹감나무 재료임을 알 수 있었고, 두 개의 장을 연결한 감잡이와 모서리 부분에 붙여진 귀잡이 장석裝錫 모양을 볼 때 한국산이 분명했다. 자물통을 채울 수 있게 가운데 달린 앞바탕과 문 좌우에 세 개씩 달린 나비 문양의 경첩에서 그 옛날 누군가 시집올 때 혼수로 해왔을 것이란 추측도 가능했다. 나는 주인에게 가구의 내력을 물어보았다. 예상했던 대답이었다. 한국전쟁 때 참전한 미군이 가져왔는데 에스테이트세일estate sale에 경매로 나온 것을 사놓은 지가 오래되었다는 것이다. 줄잡아 70~80년은 된 것으로 볼 수 있었다. 두말없이 나는 이 물건을 재산 목록에 올렸다. 이런 장이 다시 나오면 알려달라고 연락처를 남기는 것도 잊지 않았다.

우연은 반복되는 모양이다. 오래지 않아 두 번째 소식이 왔다. 비슷한 모양의 한국 궤짝이 경매로 나왔는데 마음에 들면 미리 잡아놓겠다는 메일이었다. 야트막한 머릿장 사진이 첨부되어 있었다. 몸통보다 약간 넓은 천판天板이 위에 얹혀 있고 아래엔 받침대가 있는 석 자쯤 되는 높이의 장인데 나뭇결로 보아 오동나무나 소나무 재료인 것 같았다. 단층장이지만 여닫이문이 아래위로 하나씩 있고 위쪽 문 좌우에 서랍이 두 개씩 달린 흔치 않은 모양이었다. 백동 재료인 것 같은 장석은 위쪽의 경

미국에서 찾아낸 한국의 머릿장 두 점.

첩 여섯 개와 앞바탕은 나비 문양이고 아래쪽의 여섯 개는 길쭉한 막대 모양이었다. 잃었던 할머니의 검은색 머릿장과는 다른 모양이었지만 망설이지 않고 나는 이 장을 사기로 했다. 오래전 한국을 떠났던 옛 가구들이 할머니에 대한 나의 기억 때문에 다시금 한국의 손으로 돌아온 순간이었다. 옷이나 이불을 넣고 물건을 올려놓는 데 쓰였을 옷장과 머릿장이지만, 안에는 차와 차도구를 보관하고 천판에 다기를 올려놓는다면 나의 차 생활 속에서 이 장들이 새로운 생명을 얻을 수 있을 것이란 생각에 한동안 마음이 즐거웠다.

오래전 한국을 떠났던 옛 가구들이 할머니에 대한 나의 기억 때문에 다시금 한국의 손으로 돌아온 순간이었다.

세상 일로 별로 말씀이 없으신 할머니였지만 가끔 한숨을 내쉬면서 하시던 다른 말씀이 생각난다. "명절 때면 왜 부족함 없이 잘사는 집에 선물이 모이고 정작 부족한 것이 많은 가난한 집에는 물건을 가져오는 사람이 없을까……." 노자를 읽어가면서 『도덕경』에서 발견했던 말씀인 "하늘은 부유한 사람의 재산을 덜어 부족한 사람을 채워주는데, 이 세상은 가난한 사람의 부족한 것을 덜어 여유 있는 사람들을 떠받든다天之道 損有餘而補不足, 人之道 損不足而奉有餘"는 구절에서 나는 할머니의 한탄을 다시금 떠올릴 수 있었다. 세상사의 모순을 겪거나 학교교육을 받아본 적 없는 할머니였지만 당신은 이미 삶을 통해 『도덕경』의 진리를 체득하고 계셨던 것이다.

부익부 빈익빈의 세태를 탓하던 할머니의 아쉬움이 아직도 내게는 풀리지 않는 숙제로 남아 있다. 여유자의 남는 것으로 없는 사람의 부족함을 도와주고 천하를 받들게 할 수 있는 사람이 과연 누구일까. 노자가 말한 대로 '오직 도를 터득한 사람唯有道者'뿐일까. 그가 말하는 도가 자연의 법을 좇아 살아가는 무위자연無爲自然의 길이라 한다면 요즈음 이런 사람을 어디서 찾을 것인가. "삶의 이치에 통달한 사람은 자신의 힘으로 풀어갈 수 없는 일에 헛되이 마음 쓰지 않고, 하늘의 이치에 통달한 자는 연유를 알 수 없는 일에 대해서는 알려고도 하지 않는다"고 장자는 말한다. 명절을 맞을 때마다 되풀이 생각나는 할머니의 한탄은 언제까지나 안타까운 기억으로 남을 것이란 생각에 마음이 쓸쓸해진다.

교정의 목련이 피는가 하더니 버거운 듯 벌써 커다란 꽃잎을 하나둘씩 떨어뜨리고 있다. 필 때도 소리가 없지만 떨어지는 꽃잎 역시 소리가 없다. 봉오리진 꽃만이 아름다운 것은 아니다. '낙화무성대춘래落花無聲待春來'(소리 없이 지는 꽃잎은 새로 올 봄을 기다리게 한다는 뜻)라고 하듯, 봄날 한철을 하얗게 빛내다가 누렇게 변색된 채 힘없이 떨어지는 꽃은 볼품이 없다. 그러나 그 낙화가 다시금 돌아올 새 봄을 기다리게 하기에 꽃잎 지는 자리마다 그리움은 새롭게 돋아나는 모양이다. 할머니의 머릿장도 그런 것이 아니었을까.

할머니,
발자취 소리에 들은 고개
맑은 눈결에 수그러져라
걷는 뒤만 우러러보았느니

— 피천득, 〈기다림 2〉

산차 시인

시인이 남기고 간 시 한 편

아름다운 사람들은 늘 먼저 떠나가는 모양이다. 그는 평생을 설악산 부근에 살면서 계곡물처럼 깨끗하고 산새처럼 자유로운 시를 써왔던 사람이다. 잘 드러내지 않았지만 '설악산 시인'이란 별칭을 가졌고, 차 또한 좋아하기에 나는 그를 '산차 시인山茶詩人'이라 불렀다. 작별하기 얼마 전 함께 다기전시회를 구경했다. 시인이 살아가는 모습과 마찬가지로 이천 땅에 묻혀 다기를 구우면서 조용히 살아가는 도공의 전시회였다. '흙의 마음'이라고 이름 붙여진 도록에는 시인이 쓴 '새'라는 제목의 시 한 편이 실렸다. 그런데 이 시가 생전에 인쇄되어 남겨진 그의 마지막 작품이 되어버렸다. 전시회가 열리는 날 그는 불편한 몸을 무릅쓰고 서울에 올라와 전시장을 둘러보고는 늦은 밤차로

속초로 돌아갔다. 그리고는 열흘도 못되어 이 세상을 떠나가서는 한 줌의 재가 되어 평소에 즐겨 찾던 백담사 근처에 뿌려졌다. 도록에 함께 실렸던 내 글의 마지막 부분을 읽으면서 거듭거듭 좋다고 칭찬하던 티 없이 맑은 그의 표정이 생각난다.

> 글을 쓰다가 문뜩 창밖을 보니 겨울 철새가 무리 지어 날고 있다. 아름다운 모습이다. 가을 철 화려하게 치장했던 단풍들이 한 잎 두 잎 옷을 벗으며 낙하하기 시작하는 절정을 빗겨난 겨울 산의 모습 또한 아름답다. 그 겨울의 중턱에 서서 새 봄을 기다린다. 그때엔 마음 깨끗한 사람들이 함께하며 우송이 빚어 낸 도자기에서 고려 도공 만경을 떠올리며 백제향로에 숨겨진 전설과 같은 이야기 거리를 찾아볼 수 있지 않을까.
>
> — 졸문, 〈춤과 시인과 도공이 빚어내는 아름다움〉

속초에 돌아가면 이 부분을 꼭 시로 써야겠다고 다짐하던 그가 남긴 시가 바로 〈새〉였다. 그를 처음 만난 것은 다소 엉뚱한 이유 때문이었다. 평소에 그의 시를 좋아했기에 『현대회계감사』란 책을 내면서 시 한 편을 얻기 위해 전화를 걸었던 것이 첫 인연이었다. 그때 책에 실었던 시가 〈깨끗한 영혼〉이었다.

영혼이 깨끗한 사람은
눈동자가 따뜻하다.
늦은 별이 혼자 풀밭에 자듯
그의 발은 외롭지만
가슴은 보석으로
세상을 찬란히 껴안는다.
저녁엔 아득히 말씀에 젖고
새벽엔 동터오는 새벽에
다시 서성이는 나무
때로 무너지는 허공 앞에서
번뇌는 절망보다 깊지만
목소리는 숲 속에
천둥처럼 맑다.
찾으면 담 밑에 작은 꽃으로
곁에서 겸허하게 웃어주는
눈동자가 따뜻한 사람은
가장 단순한 사랑으로 깨어 있다.

그 후 판이 거듭될 때마다 그의 다른 시들을 회계학 책 속에 실으면서 학생들과 함께 나도 시인처럼 맑아지는 느낌을 가졌던 기억이 난다. 4판을 낼 때는 “바라보면 지상에서 나무처럼/ 아름다운 사람은 없다"로 시작되는 〈아름다운 사람〉이란 시를 실었고 다음 해에 다른 책인 『현대회계학원론』을 낼 때는 〈영혼의 침묵〉이란 시를 실었다. 무용 공연을 즐겨 보면서 틈틈이 써두었던 평론 글들을 모아 『무용가에게 보내는 편지』란 평론집을 내면서 가졌던 출판기념회 때도 그는 속초에서 올라와 〈G선상의 아리아〉를 연주하는 바이올린 음률에 맞춰 자작시를 낭송하며 화랑에 마련된 즉석 무대에서 춤추는 무용가의 배경이 되어주었다. 매년 두 차례씩 열리는 회계학회의 학술발표대회에서는 논문 발표 전에 초청인사의 기조연설을 듣는 것이 관례였는데 이 자리에 유명 경제인을 대신해서 그를 초청했다. 〈생명·우주율·시〉라는 제목으로 식물들이 느끼는 감정과 의사소통 능력에 대한 특이한 강연을 해주어 회계학 교수들을 놀라게 했던 기억이 지금도 생생하다.

그는 깊은 잠에서 깨어났다가 다시 잠이 들듯 두 눈을 감아버렸다. 시에서처럼 꽃잎 지듯 소리 없이 가버린 것이다.

티베트와 인도를 다녀온 후 『내 몸에 우주가 손을 얹었다』라는 시집을 펴내면서 아마도 그는 "장작불로 가슴을 화안이 채우고/ 냄새와 연기로 목욕하며/ 장작더미 위에서 타는" 자신의 모습을 보았을는지 모른다. 그리고는 "나 세상에 왔다/ 돌아갔다는 소식/아무에게도 전하지 말라"(〈꽃잎을 쓸며〉) 이렇게 속삭이고는 어느 날 아침, 깊은 잠에서 깨어났다가 다시 잠이 들듯

하늘을 나는 하얀 새가 상감으로 새겨진
국보 상감청자운학병.

두 눈을 감아버렸다. 시에서처럼 그는 꽃잎 지듯 소리 없이 가버린 것이다. 백담사 근처에 뿌려진 꽃잎을 생각하며 그가 매일 바라보았을 먼 산을 다시금 바라본다. 산을 보고 또 꽃잎 떨어진 자리를 쓸어보는 내 귓가에 운명을 예감하듯 그가 도록에 남겼던 마지막 시 한 편이 그리움으로 메아리쳐온다.

항아리 속으로
새 한 마리 날아간다.
저녁 하늘
달빛 고인 우물에

홀로 맑게 눈뜨는 매화
이 가장 고요한 시간의
그늘로
날아간다.
도공의 손안에서
깨어난 새
길을 찾아
영원의 푸른 천공을
울며 흐른다.
구름도 비켜서고
이슬도 품을 열어
노래
노래
길을 놓는다.

— 이성선, 〈새〉

그리운 스승, 미원

그분을 처음 만난 것은 나의 대학교 입학식 때였다. 신입생들과 학부형들로 가득 찬 분수대 광장, 광장에서 본관 건물로 오르는 석조 계단은 그 자체로 자연스럽게 꾸며진 입학식 행사장이었다. 햇빛은 따사로웠지만 이른 봄의 쌀쌀한 기운이 옷깃을 여미게 하는 3월 첫 주, 그 계단 위에서 나는 신입생을 대표해서 선서문을 읽었다. 두루마리 한지에 촘촘히 쓰인 선서문을 한 줄 두 줄 읽어갈 때마다 읽혀진 두루마리가 풀려 나가면서 바닥까지 길게 늘어뜨려지는 모습이 지금은 찾아볼 수 없는 그 시대 대학의 낭만을 상징하는 듯했다. 그분은 다 읽은 선서문 두루마리를 받아드셨다. 그분이 바로 경희대학의 설립자이며 당시 경희대학 총장직을 맡고 계셨던 미원美源 조영식 박사다. 지금까지 나의 머릿속에 선명히 찍혀 있는 첫 만남의 기억이다.

미원 선생님은 세상을 바라보는 눈과 지도자로 살아가는 길을 계시해준 큰 스승이라 할 수 있다.

대학을 졸업한 후 오랫동안의 외유를 마치고 다시 학교로 돌아왔을 때 신임교수인 나를 맞아주신 분도 그분이었다. 입학식 때 보여주신 40대 젊은 총장의 모습이 60대에 들어선 중후한 풍모로 바뀌어 있었지만 그분의 열정은 오히려 더욱 당당하게 빛을 발하고 있었다. 졸업 후 처음 뵙는 자리였지만 나는 격의를 느끼지 못하고 대학 국제화에 대한 비전과 전쟁 없는 세상에 대한 그분의 평화사상에 귀 기울이면서 대학 시절 전교생을 대상으로 한 달에 한 번씩 분수대 광장에서 열리던 민주주의론 강의를 떠올릴 수 있었다. 인터뷰를 마치고 자리를 일어서는 나에게 그분은 『오토피아』의 1979년 초판본을 주셨다. 앞으로 이루어가야 할 당위적인 이상세계를 '오토피아Oughtopia; ought to be utopia'란 한 단어로 압축하여 그분의 세계관을 담아낸 책이었다.

시간은 흘러갔다. 목요일마다 총장실에서 개최하는 인류사회강론에 참석하고 학교의 보직자가 되어 학교 행정에도 관여하면서 뵙는 기회가 점점 많아졌다. 강의실에서 듣는 강의와 달리 삶과 세계의 근원을 이야기하고 고금의 사상을 논하는 심오

한 주제들을 다루는 강론들은 좁다란 회계의 세계에서만 십수 년을 살아온 내게 새로운 세상과의 만남을 열어주는 출구 같은 것이었다. 강의실에서 배운 교수님들이 세상을 살아가는 기술을 전수해준 작은 스승들이었다면, 교수의 길에서 만난 그분은 세상을 바라보는 눈과 지도자로서 살아가는 길을 계시해준 큰 스승이라 할 수 있었다.

학교를 설립하면서 그분이 내건 창학 이념은 '문화세계의 창조'라는 대학의 교시校是에 오롯이 담겨있다. "아름다운 정신을 견지하면서 자신의 꿈을 실현하는 인간적 보람을 성취할 수 있는 물질적으로도 풍요로운 세상"이 바로 그분이 꿈꾸는 문화세계의 개념이었다. 문화의 시대라 일컬어지는 21세기에 들어서면서 비로소 그 선견지명에 탄복하게 된다. 의대와 한의대, 치대, 약대까지 의료의 전 분야를 포괄하는 종합적인 메디컬 교육체제를 갖춘 유일한 대학, 음악, 무용, 미술, 디자인에 예술경영까지 모든 예술 분야를 포괄하는 통섭적인 예술 교육체제를 완비해놓은 유일한 대학, 이것은 아마도 문화세계의 창조라는 설립 이념이 있기에 가능한 것이 아니었을까.

1994년으로 기억한다. 1960년대 초, 『우리도 잘살 수 있다』란 책을 펴내시며 잘살기 운동을 제창한 후 30년이 흐른 해, 이

미원 선생님이
사랑하시던 분수.

를 기념하기 위해 출간하는 100인의 문집에 그분의 업적을 기리는 글 한 꼭지를 써달라는 요청을 받았다. 나는 글을 쓰지 않았다. 청탁 전화를 걸어온 편집자에게 표현은 하지 않았지만 필자로 선정된 100인이 이구동성으로 써보낼 찬사일색의 글 모음에 동참하고 싶지 않아서였다. 그러나 그보다 더 중요한 이유는 그때까지도 실용과 합리의 잣대로 세상을 보는 데 익숙했던 내가 '세계평화의 날'과 '밝은 사회 건설'을 주창하는 그분의 사상을 온전히 이해하지 못했기 때문이었을 것이다.

선생님은 '미원美源'이란 호를 즐겨 쓰셨다. 아름다움의 근원 혹은 세상의 근원이란 뜻으로 해석할 수 있을 것이다. 그래서인지 그분은 분수를 무척 좋아하셨다. 본관 앞은 물론이고 밝은사회탑이나 크라운홀, 문리대 뒤 사자상에까지 그분은 항상 분수를 만드셨다. 중앙도서관 정문을 들어서면 로비 한가운데 있는 윤영자 선생의 하얀 선녀상 조각에는 분수에 얽힌 안타까운 이야기가 숨어 있다. 작품을 구상할 때 좌대 속에 설치된 관을 타고 바닥에서 물이 올라와 선녀들 앞에서 뿜어져 나오도록 분수 설계가 되어 있었다. 그런데 작업 도중에 시멘트가 흘러들어가 그 관을 막아버린 것이다. 그분이 사무실 벽을 치며 안타까워하셨다는 사실을 아는 사람은 많지 않다.

음주와 끽연, 과식을 경계하고 규칙적인 운동을 하시며 언제나 섭생에 주의하시던 분, 기독교와 불교, 유교 등을 다 섭렵했지만 어느 종교보다도 자연의 섭리를 존중했던 그분을 이제는 만날 수가 없다. 갑자기 과로로 쓰러지신 후 병상에 누우셨다가 오랜 투병 끝에 세상을 떠나신 것이다. 세상의 도리에 물리物理가 트고 그분의 사상을 이제 겨우 이해하게 되었는데, 품으셨던 꿈 중에서 못다 이룬 부분이 무엇인가도 조금씩 알 수 있게 되었는데, 마주하고 앉아 말씀을 들을 수도 또 이야기를 들려드릴 수도 없게 된 현실이 너무 안타깝다. 건강하실 때 그분에 대한 글을 쓰지 못했던 일도 너무나 죄송스럽다. 그중에서도 차인이 된 내게 가장 가슴 아픈 일은 화개 야생차밭에서 어린잎을 따서 손으로 덖어낸 녹차를 맛있게 우려내어 맛보여드릴 수 없다는 것이다.

회계학 교수로서 30년을 살아온 내가 전공 학문과는 거리가 한참 멀어 보이는 차라는 분야를 일찌감치 알게 된 것도, 무용이라는 예술세계에 깊이 빠져들어 평론가의 길을 걷게 된 것도 모두 '문화세계의 창조'란 그분의 이념이 부지불식간 이 몸에 배어든 때문이 아니겠는가. 모든 아름다움의 근원이신 미원美源, 그분은 내 삶의 길에서 만나 언제까지나 살아계실 가장 큰 스승임을 이제야 고백한다.

당신이 진정 사랑했던 것들

그는 1987년 3월 모교에 부임한 후 공인회계사반 지도교수를 맡아, 떠나는 순간까지 학생들과 함께 했던 진정한 이 시대의 스승이었다. 그는 강의시간 틈틈이 시를 읽어주면서 경영학도들의 메마른 심성을 부드럽게 변화시키고자 했던 감성의 교수이기도 했다. 심근경색 수술을 받고 퇴원한 날 밤에도 늦게까지 연구실 불을 밝혔던 그의 학교 사랑은 이제 경희대의 전설이고 경영대의 사표가 되었다. 그를 기억하기 위해 회계학과 동문들과 공인회계사반을 거쳐간 제자들이 추모의 뜻을 담아 장학기금을 모으고 오늘 오비스홀 422호실을 '이성호 강의실'로 명명한다.

(졸문, 2009년 3월)

경영대학 강의실에 장식되어 있는 이성호 교수 추모패에 쓰인 글이다. 그를 처음 만난 것은 대학에 막 입학했을 때 문리대 옥상에 임시로 만들어진 대형 강의실에서였다. 과대표를 맡았던 내가 칠판에 무엇인가 공지사항을 적고 있을 때 누군가가 찾고 있다는 전갈이 왔던 것으로 기억한다. 그때 2학년생이었던 그는 내 고향인 예산의 이웃 동네인 홍성 출신이었고 과대표와 학회장을 맡아 있으면서 학업에 열심인 모범생이었다. 우리의 만남은 그렇게 이루어졌고 대학 시절을 함께 했다. 졸업한 그는 상업은행에 수석으로 입행했고, 다음 해에 졸업한 나는 산업은행에 입행해서 같은 은행원이 되었다. 은행 근무 도중 그는 사병으로 입대했고 나는 경리장교로 임관하여 거의 같은 기간을 현역으로 복무하기도 했다. 졸업 후 거의 10년간 직장생활을 체험하고 미국 유학길에 올랐다는 것도 비슷하다. 그가 일리노이대학으로 먼저 유학을 떠났고 이듬해 나도 같은 대학에서 입학 허가를 받아 그의 뒤를 따른 것이다. 교직에는 내가 먼저 귀국해서 자리를 잡았다. 공부가 늦게 끝난 그를 모교로 초청하여 같은 교단에 서도록 하는 것이 나의 계획이었고 그 꿈은 결국 이루어졌다. 귀국을 망설이면서 그가 보낸 편지가 남아 있다.

> 서울, 그래 스치는 얼굴, 스치는 생각들이 벌써 망막을 가리는구나. 내가 자라고 내가 숨쉬어온 내 주위들이 지금의 나

당신이 쓴 책과 그 속에 담겨진 시편들, 정성스레 보살펴주던 화분의 꽃들을 모두 그대로 남겨둔 채 당신은 홀연히 갔습니다.

를 어느 정도 받아들이고 어느 만큼 거부할 것인가. 아니 내가 나의 옛 주위들을 받아들이고 거부하는 것이기도 하겠지만……. 그러나……. 생각을 끊어야 되겠다. 부딪치면 느낄 것이다.

(1985년 10월 19일 편지 중에서)

대학 시절과 유학 시절을 함께 했고 모교 교단에 선 후에도 20년을 함께 지냈던 친우이며 동지인 그가 먼저 세상을 떠나갔다. 뜻밖이었다. 마라톤을 할 정도로 건강하고 자기관리에도 철저한 그였기에 돌연한 죽음에 대한 충격은 너무도 컸다. 영안실에서 출발해 그가 몸담았던 연구실을 들러 캠퍼스를 한 바퀴 돌아온 후 르네상스관 앞에서 영결식이 열렸다. 수많은 제자들과 교직원들이 울먹이면서 함께 한 자리였다. 마지막 떠나는 그의 앞에서 나는 온 몸을 떨면서 다음과 같은 추도사를 낭송했다. 2007년 10월의 마지막 날, 쌀쌀한 초겨울 날씨였지만 하늘은 깨질 듯 맑았다.

◆ ◆ ◆

이성호 교수님, 당신이 진정 사랑했던 것은 한 송이 작은 꽃이었습니다. 작은 화분에 심어졌어도 그 작음을 불편해하지 않고 때가 되면 소박한 꽃을 소담스레 피워주던, 그리고 때로는 요염한 꽃을 화려하게 피워주던 꽃들을 당신은 사랑했습니다. 연구실은 말할 것도 없고 당신이 가는 곳은 어느 곳이든, 그리고 어느새 그 주변까지도 창가엔 화분이 늘어나고 따스한 햇볕과 부드러운 차물을 듬뿍 받는 꽃들은 생생하게 살아나고 편안하게 뻗어나곤 했습니다. 지리산 돌 틈에서 옮겨온 석란石蘭 한 뿌리가 이듬해 이른 봄 수줍게도 봉오리를 열어 꽃을 피워주더니 어느 해 여름 오랫동안 방을 비운 사이 영양실조로 서서히 말라죽어 가던 것을 당신의 방으로 옮겨놓은 후 살려냈던 기억이 지금도 생생합니다.

이성호 교수님, 당신이 또한 진정으로 사랑했던 것은 시였습니다. 『나는 회계학 시간에 시를 읽는다』란 제목으로 수필집을 펴내기도 했든 남달랐던 교수, 딱딱한 강의시간에 틈틈이 시를 읽어주면서 흐트러지기 쉬운 학생들의 주의를 돌려놓곤 했지만 그때마다 당신이 진정으로 바랐던 것은 경영학도들의 메마른 심성이 시처럼 부드럽게 바뀌는 것이었습니다. 시를 읽을 때 당신은 자주 눈물을 흘렸습니다. 당신은 유난히 눈물이 많은 교수였습니다. 당신이 눈물을 사랑한 것이 아니라면 아마도 눈물이 당신을 사랑한 것인지도 모릅니다. 이 시대에 어디 남자의 눈물을 흔하게 볼 수 있습니까. 눈물은 무언가를 위해서 흔쾌히 울어줄 수 있는 사람을 필요로 했고 당신이 바로 그 희귀한 대상으로 선택된 것이 아니었던가요.

이성호 교수님, 당신이 또한 진정으로 사랑했던 대상은 바로 학생들이었습니다. 회계학과 교수로 부임하기 전, 일리노이대학에 머물면서 귀국을 결심하지 못하고 있을 때 내가 썼던 편지가 있었지요. "이 강단이 성호 형께는 최선의 자리가 아닐지 모르지만 이 자리에 가장 알맞은 사람은 바로 형이란 것을 알아주시기 바랍니다." '그 안에 진정이 있으면 신도 밖에서 돕는다眞在內者 神動於外'란 말이 있습니다. 1987년 봄, 당신은 드디어 귀국했고 모교 출신 두 번째 교수로 회계학과 강단에 함께 섰습니다. 언젠가 당신이 작은 소리로 털어놓은 적이 있지요. 그때 마음을 움직이게 한 것은 바로 그 한 구절 때문이었다고요.

설립 초창기, 두세 명에 불과했던 연약했던 교수진에 당신의 합류는 막 피어오르기 시작한 불 위에 끼얹은 기름이었습니다. 모교와 학생들을 향한 당신의 사랑은 유별났지요. 공인회계사 준비반 지도교수를 맡은 후부터 당신은 학생들을 독려하면서 많은 밤을 연구실에서 지냈습니다. 새벽부터 밤늦은 시각까지 빈 자리를 체크하고 게으른 학생을 찾아내면 혼을 내며 타이르고 자극하는 것이 당신의 일상이 되었습니다. 혈관이 막혀 수술

이성호 교수의 이름을 딴 강의실.

을 받고 일주일이나 입원해 있다가 퇴원한 다음 날에도 당신은 연구실에 나와 있었습니다. 예정되어 있던 논술고사 시험장에도 얼굴을 비치고 청현재(공인회계사반) 축구시합을 위해 운동장에도 나왔다가 밤늦게까지 시험지 채점을 하며 연구실 불을 밝혔습니다. 당신의 사랑은 무모할 정도였지요. 이 시대 어느 교수가 그러한 사랑에 자신의 목숨을 걸 수 있었을까요.

그러나 이성호 교수님, 꽃과 시와 학생들과 함께 무엇보다 더욱 당신이 진정으로 사랑했던 것은 당신의 큰딸 예슬과 외아들 온, 그리고 아내 나윤이었습니다. 재수를 해서 고려대 경제학과에 입학한 아들이 군에 가 있는 동안 하루도 빠짐없이 일기 같은 편지를 쓰던 아버지의 사랑, 영어학부에 다니면서 회계학을 복수전공하며 공인회계사 시험에 도전했던 딸이 연거푸 고배를 마시고 낙담해 있을 때 내색도 하지 않으며 함께 시간을 보내주던 당신의 고요한 사랑. 이제 그 아들딸과 아내를 남기고, 수많은 학생들과 회계세무학부로 독립된 학과, 당신이 쓴 책과 그 속에 담겨진 시편들, 정성스레 보살펴주던 화분의 꽃들을 모두 그대로 남겨둔 채 당신은 홀연히 갔습니다. 당신이 사랑했던 시 한 편 속에 당신 모습을 다시 떠올리면서 이제 당신을 보내야 할 시간인 듯합니다.

님은 갔습니다. 아아 사랑하는 나의 님은 갔습니다.
푸른 산빛을 깨치고 단풍나무 숲을 향하여 난 작은 길을 걸어서 차마 떨치고 갔습니다.
황금의 꽃같이 굳고 빛나던 옛 맹세는 차디찬 티끌이 되어서 한숨의 미풍에 날아갔습니다.
(……)
사랑도 사람의 일이라 만날 때에 미리 떠날 것을 염려하고 경계하지 아니한 것은 아니지만 이별은 뜻밖의 일이 되고 놀란 가슴은 새로운 슬픔에 터집니다.
(……)
우리는 만날 때에 떠날 것을 염려하는 것과 같이 떠날 때에 다시 만날 것을 믿습니다.
아아 님은 갔지마는 우리는 님을 보내지 아니하였습니다.
제 곡조를 못이기는 사랑의 노래는 님의 침묵을 휩싸고 돕니다.

— 한용운, 〈님의 침묵〉

미수의 무용가, 춤의 아리랑

88세를 일컫는 말이 미수米壽다. 88의 글자가 쌀알들이 겹쳐져 있는 모양이라고 해서 붙여진 이름이라고 한다. 김백봉의 미수를 축하하기 위해 김백봉 춤 사모회 제자들이 헌정하는 공연 무대가 〈청명심수 김백봉 춤의 아리랑〉(2014.11.12~13, 국립극장 해오름극장)이다.

김백봉은 전설적인 월북무용가 최승희의 제자이고 최승희의 시아주버니 안제승의 아내이며 안병주, 안병헌, 안귀호 등 무용가족의 어머니이기도 하다. 경희대학교 무용과 교수로 재직하는 23년간 직접 길러낸 양성옥, 정은혜, 장유경, 이경옥, 전은자, 김경회, 장인숙, 임성옥 등 기라성 같은 제자들은 대학의 교단에서 혹은 무용계의 중진으로서 스승의 뒤를 이어가고 있다. 김백봉은 살아 있는 한국무용계의 전설이라 할 수 있을 것이다.

김백봉이 1976년 안무한 '심청'이 이날 공연의 개막작품이다. 김백봉이 추었던 심청 역을 딸인 안병주(경희대 교수)가 맡았고 손녀딸인 안귀호와 이음무용단이 군무진을 이룬다. 심청이 인당수에 몸을 던지는 스펙터클한 장면과 인어와 도미의 유영 등 아름다운 바닷속 세계, 연꽃이 피어나며 심청이 다시 태어나는 모습 등은 지금도 공연마다 되풀이 되는 인상적인 장면들이다. '옥적의 곡'(김호은), '초립동'(안귀호), '검무 격格'(안병헌)은 최승희의 옛 춤을 김백봉이 복원한 소품들이다. 요염한 선녀의 자태와 조선 초립동의 코믹한 연기, 무인들의 기백을 특징적으로 표현한 흥미로운 춤이었다.

'선의 유동'은 김백봉의 창작무용(1958)을 전은자무용단(성균관대)이 재연했다. 흰 수건을 든 여인들이 하얀 치맛자락을 날리며 무대를 흘러가면서 추는 춤사위가 흰 포말을 일으키는 바다 물결을 보는 것 같이 아름다운 춤이었다. 장인숙의 널마루무용단과 김경회무용단이 합동 출연한 '광란의 제단'은 1959년 초연한 김백봉의 무당춤이다. 오방색으로 치장한 무당들의 신들린 듯 격렬한 춤사위가 고요했던 무대를 순식간에 마당극처럼 현란하게 바꿔버린 춤이었다. 북춤(1963)과 화관무(1947), 부채춤(1954)은 각각 장유경(계명대 교수), 정은혜(충남대 교수), 안병주(경희대 교수)의 독무로 공연됐다. 무용계에서 이미 일가를 이룬 명성에 걸맞게 신명나고(북춤) 기품 있고(화관무) 변화무쌍한(부채춤) 취봉 춤의 진수들이었다.

'타의 예'는 1981년 일본 '타의 예他の藝' 축제에 초청되었던 김백봉 장고춤이다. 전은자무용단이 장인숙, 안귀호 등과 함께 농악장단에 맞춰 추는 흥겨운 민속무용이다. 장고의 중심과 테두리가 장구채를 만나 음양의 조화를 이루며 내는 다양한 소리들이 무대를 누비는 여인들의 역동성과 상승작용을 일으킨다. 언제 들어도 신명나는 장구소리다. '검무 섬광閃光'은 1954년 초연한 군무 작품으로 강원대 김경희무용단이 출연했다. 앞서 안병헌이 보여준 '검무 격'이 무사의 도에 초점을 맞춘 안무였다면 '섬광'은 다양한 무예의 기법을 화려한 여성군무로 차별화한 작품이다.

공연의 대미를 장식한 작품이 '청명심수淸明心受'와 아리랑이다. 1974년 국립극장에서 초연한 청명심수는 김백봉이 "마음의 노래요 영혼의 속삭임, 내 평생의 일기장"이라고 명명할 정도로 애착을 가졌던 창작품이다. 권금향, 안병헌, 김효순, 임성옥이

김백봉의 공연 장면.

붉은색 치마저고리를 입고 제자로서 최고의 기량을 발휘하면서 스승 앞에서 춤을 춘다. 무형문화재 30호 여창가곡 이수자인 강권순이 부르는 아리랑 곡조가 울려 퍼진다. 1927년 평양에서 태어나 일제강점기와 해방, 남북의 분단과 전란의 역사적 굴곡을 거치면서 88년을 살아온 김백봉의 인생을 굽이굽이 아리랑 고개에 비유해서 부르는 노래다.

객석 뒤쪽 한가운데 제자들에게 둘러싸여 앉아 있던 김백봉이 관객들에게 인사하기 위해 무대에 오른다. 제자들의 부축을 받는 모습이 이제 정정하다고는 할 수 없는 노령이다. 일곱 남매의 맏이로 태어나 일찍이 일본에 유학하여 서구의 춤을 섭렵하고 귀국 후에는 최승희의 제자이며 아랫동서로서 예술적 계보를 전승해온 김백봉이다. 70여 년을 춤춰오면서 스스로 한국 신무용의 역사가 되었지만 그에게는 아직 이루지 못한 꿈이 남아 있다. 어머니와 동생들을 모두 남겨두고 아버지와 함께 월남한 후 60년 넘도록 한 번도 밟아보지 못한 고향에 대한 그리움이다. "아리랑 아리랑 아라리요 아리랑 고개를 넘어간다……." 한 많은 삶의 고개를 넘어가기 전에 고향땅을 꼭 밟으시고, 〈청명심수 김백봉 춤의 아리랑 평양 공연〉을 반드시 보실 수 있기를 바라는 마음으로 이 글을 쓴다.

〈청명심수〉는 김백봉이 "마음의 노래요 영혼의 속삭임, 내 평생의 일기장"이라고 할 정도로 애착을 가졌던 창작품이다.

자연, 인간 그리고 영원한 사랑

지하철 2호선 서초역 3번 출구를 나와 예술의 전당 쪽으로 100발짝쯤 걷다보면 오른쪽 길옆에 커다란 철제조각상 하나가 보인다. 사랑의 교회가 서초동으로 이전하면서 건물 앞에 상징물로 세워놓은 〈영원한 사랑Forever Love〉이란 예술품이다. 연주석에 앉아 하프를 연주하는 여인의 모습 같기도 하고 옆에서 보면 양팔을 벌리고 발을 크게 내딛으며 뛰어나가는 춤꾼의 형상으로 영락없는 사람 인人 자를 닮았다. 위로 올라갈수록 좁아지는 모습인데 허리에 커다란 하트 모양의 띠를 두르고 있고 어깨 부분을 장식한 타원형 장식물의 한가운데가 뻥 뚫려 있어 그곳으로 빨간색 구체球體가 올려다 보인다. 내부조명을 받아 붉게 빛나면서 쉼 없이 벌름거리는 구체의 모습에서 뜨거운 심장의 박동과 함께 사람의 호흡소리가 들리는 것 같다. 〈영원한 사랑〉은 사랑이란 주제 아래 음악과 춤과 과학적 테크놀로지가 인체로 체화된 융합예술작품이다. 재미화가인 안형남이 추구하는 예술세계는 이렇게 정의할 수 있을지 모른다.

올림픽공원에 위치한 소마미술관이 백남준 탄생 80주년을 기념하여 개최한 백남준·안형남 2인전에서 그를 처음 만난 것은 2012년 여름이었다. 백남준의 비디오아트 작품들이 2층에 전시되어 있고 안형남의 드로잉들이 나란히 벽에 걸린 복도를 지나 자리 잡은 아래층 전시장에 그의 키네틱kinetic 조각들이 빛을 발하고 있었다. 입구에 들어서자마자 관람객의 시선을 사로잡는 〈Blood Line(핏줄)〉은 푸른색과 붉은색으로 차별화된 한 쌍의 작품이다. 남북으로 분단된 민족 간의 안타까운 사랑을 핏줄로 표현했다고 한다. 〈조건 없는 사랑〉, 〈스승과 제자〉 등 전시장 내부를 가득 채우고 있는 20여 점의 작품들은 모두 사람들 간의 관계와 사랑을 표현한다고 했다. 그에게 사랑은 어떤 의미를 가지고 있을까.

1년 후 여름, 뉴욕에서 그를 다시 만났다. 맨해튼 이스트 빌리지에 자리한 워터폴맨션갤러리Waterfall Mansion Gallery에서였다. 4층 건물 꼭대기부터 1층 바닥까지 한쪽 벽면을 완전히 터 내려

화가가 공들인 어느 작품도 자연을 뛰어넘을 수 없다는 생각 때문에 절망했을 때, 그를 구원해준 것은 사람도 곧 자연이라는 발견이었다.

물이 벽면을 타고 폭포처럼 흘러내리도록 실내를 디자인한 독특한 건물이다. 테이블에 둘러앉은 12명 게스트들이 돌아가며 사랑을 정의해보기로 했다. 맨해튼의 주인들이라 할 수 있는 화가, 무용가, 큐레이터, 후원자들이 우연히 모인 자리였다.

배려, 관심, 헌신, 희생 등 교과서적인 대답에 이어 "사랑은 37도의 체온"이라고 말한 사람은 한참 뉴욕에서 주가를 올리고 있는 천세련 화가였다. 안형남의 차례가 돌아왔을 때 그의 대답은 뜻밖이었다. "사랑은 미녀에 대해 머리 숙이는 것", 이것이 사랑에 대한 그의 정의였다. 아름다운 여인을 사랑하고 싶은 것이 자연인으로서 그가 가진 진지한 욕망일까. 그렇다면 여인에 대한 아름다운 표현 방법을 찾는 것은 그의 예술적 과제일 것이란 생각이 들었다.

뉴저지에 머무는 동안 처음 찾은 그의 작업장은 거대한 철공소 같았다. 3층에 멈춰선 엘리베이터 문이 열리자 눈앞에 200평이 넘을 듯한 널찍한 공간이 나타났다. 각종 금속과 알루미늄, 플라스틱과 유리재료들이 산적해 있는 공간에 용접기와 절삭기, 기중기 등 작업 기계 들이 들어서 있고 한 편엔 작은 식당과 사무실도 마련되어 있었다. 본래 공장으로 쓰이던 건물 한 층을 임차하여 작업장으로 꾸민 것이라 했다. 높은 천정의 네

안형남의 조각 작품 〈영원한 사랑〉.

군데 귀퉁이에 설치된 스피커에서 흘러나오는 음악이 황량한 공간 전체를 부드럽게 감싸 안으며 이곳이 창작의 산실임을 알려주고 사무실 벽에 걸려 있는 드로잉 작품들에서는 'L·O·V·E'란 네 글자로 표상되는 인체들이 자유롭게 춤추고 있었다.

그에게 인체 조각에 집착하는 이유가 있느냐고 물었다. 대답은 단순했다. 그는 자연을 그리는 것이라 했다. 스무 살 나이로 도미한 후 20년을 시카고에서 보내고 나서 시애틀에 정착하게 된 것은 자연에 눈뜨기 시작했기 때문이라고 했다. 산과 바다, 전원이 어우러진 산야를 걷다보면 지천으로 깔린 잡초와 작은 들꽃을 만나게 된다. 이들을 바라보면서 화가가 공들인 어느 작품도 자연을 뛰어넘을 수 없다는 생각 때문에 절망했을 때, 그를 구원해준 것은 사람도 곧 자연이라는 발견이었다. 자연이 피워낸 어느 꽃보다도 값진 존재가 사람이라는 깨달음, 자신이 하나님 나무의 한 잎사귀이고 때로는 스스로 떨어져 땅에 뒹굴며 누군가를 끊임없이 그리워하는 보헤미안이라는 것을 깨달았던 것이다.

가을 아침
푸른 하늘처럼이나 맑은
땅바닥에 떨어진
나무 잎사귀를 주워들고 바라보다가
불꽃같이 아름다운
잎사귀 속에 숨어 있는
엽맥들이 모두
나무의 형상을 그대로 하고 있는 것을
처음으로 보았네……

— 이성선, 〈잎사귀〉

이성선 시인이 잎사귀 하나에서 나무 전체를 보았듯 사람의 몸 자체가 자연임을 발견한 안형남은 사람을 조각한다. 인체 근육 속에 혈관과 뼈가 엉켜 있으며 신경과 기맥에 전류를 통하게 함으로써 조각된 인체에 생명을 불어넣는다. 그의 예술에서 인체가 세상이라면 핏줄은 사랑이고 체온은 과학일 것이다. 그는 춤 보는 것을 좋아한다. 조각이 정지된 인체인 것처럼 춤은 움직이는 조각품이고 음악이든 춤이든 예술은 모두 하나임을 알기 때문이다.

그 모든 예술의 정점은 인간이고, 인간의 이야기가 곧 예술이라고 그는 말한다. 사람을 위해서 예술을 하는 것이라고 그는 부연한다. 정면에서 보면 그의 얼굴은 아인슈타인의 젊었을 때 모습을 닮았다. 반백이 되어버린 헝클어진 머리에 깊숙이 파인 두 눈과 이마의 굵은 주름 등이 그렇다. 과학자와 예술가의 길은 다른 선택일지 모르지만 그들의 공통적 자산은 순수성과 창조성이다. 뒤로 흐르는 시간을 상상하거나 풀잎에서 사람을 보고 보이지 않는 아름다움을 찾아내는 것이 곧 순수함과 창조적 두뇌의 산물이 아니겠는가.

모란미술관을 처음 방문했을 때 장황스럽게 작가를 소개하는 매니저에게 넌지시 던지던 이연수 관장의 말이 인상적이었다. "안형남 씨는 가만히 있어도 스스로 빛이 나는 사람 아닌가요?" 말 그대로 안형남은 소탈하고 겸손하고 조용한 사람이다. 여럿이 있을 때도 말없이 한 자리에 앉아 주로 남의 말을 듣는 편이다. 한국을 방문할 때마다 그는 가락시장을 즐겨 찾는다. 좋아하는 음식은 생선회와 소주, 된장찌개, 김치찌개다. 소주 한 잔에 얼굴이 벌겋게 달아오르지만 한 병 정도는 거뜬히 바닥을 내는 주량이다. 마주보고 앉아 말없는 대화를 나누다보면 마음이 저절로 편해진다. 작품을 사기 전에 작가를 먼저 보라고 한다. 작품이 작가의 표면이라면 작가는 작품의 이면이기 때문일 것이다. 스스로가 자연이 되어 자연의 흐름을 따라 살면서 자신의 삶을 작품에 투영할 때 작가와 예술은 하나가 되고 작품은 영원한 생명을 얻는다. 다도茶道 4향 중 하나로 일컬어지는 순향純香은 찻물과 다기가 하나로 어우러지는 차 자리에서 품어 내오는 향기다. 표리일체表裏一體인 사람만이 이러한 향기를 풍겨낼 수 있을 것이다. 뉴욕에서 내가 발견한 안형남은 차의 순향을 품은 화가인 것 같다.

달관 혹은 구도의 시

우언寓言과 비유들로 가득 찬 장자의 글이 흥미진진한 콩트집 혹은 산문집이라 한다면 『도덕경』 5천 자로 집약된 노자의 글은 대부분 내재하는 운율을 느낄 수 있는 사언절구四言絶句의 시문이라 볼 수 있다. 형식이야 다르지만 200년 내외의 시간차를 두고 쓰인 두 책은 세상에 대한 깊은 통찰과 경험에서 우러나온 달관한 삶의 본질을 보여준다는 공통점이 있다. 밤하늘에 떠 있는 별처럼 우리 주위엔 시인도 많고 좋은 시도 많다. 요염하게 반짝이는 시가 있다면 달빛처럼 차분한 시도 있다. 거친 파도처럼 출렁이는 시가 있는가 하면 먼 산처럼 고요한 시가 있고 아이스크림처럼 달콤한 시와 살을 저미는 고통스러운 시가 함께 있다. 내가 좋아하는 시도 수시로 바뀐다. 주지적인 시와

서사적인 시가 한 때의 기호물이었다면 그리움을 노래하는 애틋한 연시에 심취되었던 것도 꽤 오랫동안이다. 어느새 나이가 들었던가, 세상의 분주한 시보다는 인생의 정점을 넘어선 곳에 고요히 침잠하며 자연과 삶을 노래하는 선가에나 속할 시를 요즘은 더 좋아하게 되었으니. 〈가을들녘에 서서〉란 홍해리 시인의 시도 그중 하나이다.

눈멀면
아름답지 않은 것 없고
귀먹으면
황홀치 않은 소리 있으랴
마음 버리면
모든 것이 가득하니
다 주어버리고
텅 빈 들녘에 서면
눈물겨운 마음자리도
스스로 빛이 나네.

노자가 그려주는 허정虛靜의 경지를 노래한 것으로 받아들일 수 있을 것인지. 이 시에선 "오색이 사람을 눈멀게 하고 오음이 사람을 귀먹게 하며 재물이 사람을 어지럽히는五色令人目盲 五音

令人耳聾 難得之貨 令人行妨" 혼란스러운 세상사에서 벗어나 이제는 마음으로 보고 마음으로 들으며 자족할 수 있는 시인의 숨결이 느껴지는 듯하다. 아마도 이러한 사람이라면 빈 그릇처럼 자신을 비우며 홀로 세상을 걸어가는 구도의 길을 자연스럽게 노래한 시인 이성선의 시 〈구도求道〉와도 통할 수 있을 것이다.

세상에 대하여
할 말이 줄어들면서
그는 차츰 자신을 줄여갔다.

꽃이 떨어진 후의 꽃나무처럼
침묵으로 몸을 줄였다.

하나의 빈 그릇으로
세상을 흘러갔다
빈 등잔에는
하늘의 기름만 고였다.

하늘에 달이 가듯
세상에 선연히 떠서
그는 홀로 걸어갔다.

좋은 시인은 어두운 밤 먼 하늘에서 반짝이는 별과 같다. 그들의 시는 광년을 뛰어넘어 사람들의 마음에 쏟아부어 주는 은은한 별빛이다. 시를 사랑하고 시인에 감사하며 살아갈 수밖에 없는 이유는 차를 사랑하며 차와 함께 살아갈 수밖에 없는 차인의 마음과도 다르지 않을 것이다.

이름 없는 풀잎 되어

한국의 겨울처럼 2008년을 맞은 미국 동부의 겨울도 따뜻하다. 뉴욕에서 미시간주 랜싱까지 달려가는 12시간 내내 봄날처럼 따뜻한 비가 차창을 두드리더니 밤늦게 목적지에 도착했을 때부터 비가 눈으로 바뀌기 시작했다. 아침에 눈을 뜨니 밤새도록 내린 눈이 무릎까지 쌓여 있다. 미시간 호수를 끼고 있어선지 본래 눈이 많이 내리고 또 겨울이 긴 곳이 미시간주다. 집 앞에 차를 세워둔 채 걸어서 대학 박물관을 찾았다. 때마침 전시장에서는 다관茶罐; tea pot의 변천을 중심으로 인류의 문화사를 설명하는 독특한 전시가 열리고 있다. 시대와 국가별로 모습이 다른 다관들을 보여주면서 다관이야말로 세계문화의 다양성diversity과 역동성dynamism을 함축하면서 새로운 외래 문화에 대한 적응성adaptability을 상징적으로 표현하는 대표적 형상이란 설명이 전시장 입구에 붙어 있다. 중국과 일본, 서양 컬렉션이 위주가 되어 한국 다기들이 보이지 않는 것이 못내 아쉬웠지만 우연히 들렀던 미국 중서부의 한 대학 미술관에서 뜻하지 않았던 차 문화와의 조우가 옛 친구를 상봉한 듯 반가웠다.

이러한 우연은 뉴욕에서 다시 이어졌다. 맨해튼 32번가에 있는 코리아타운은 예전의 우중충했던 느낌에서 벗어나 한결 밝아지고 번화해졌다. 전에는 한국 음식을 찾아온 여행자나 일부 유학생들을 제외하곤 이민 2세, 3세인 젊은이 혹은 외국인들의 발걸음은 드문 뒷골목거리였는데 미국 전역에 불고 있는 한류 바람을 타고 이제 새로운 문화와 패션의 거리로 변모해가고 있다는 느낌이다. 코리아타운 한 복판에 '고려서적'이란 오래 된 한국서점이 있다. 종교서적과 어린이도서, 음반과 비디오도 있지만 한국에서 잘 팔리는 신간소설이나 잡지들까지 제법 구색을 갖추고 있는 곳이다. 책값은 보통 한국 정가의 두 배, 그러나 맨해튼에 나들이 나온 동포들이 옆집인 감미옥에서 설렁탕 한 그릇을 먹고 고려당에서 케이크 한 쪽과 커피 한 잔을 마시곤 고국 소식을 찾아 한 번씩 들러보는 곳이다.

뉴욕에 올 때마다 나도 들러서 주로 오래 된 책들을 찾아보곤

지리산자락에 자리 잡은
김필곤의 달빛초당.

한다. 한국에서 절판된 귀한 책들이 선반 구석에서 먼지를 뒤집어쓴 채 꽂혀 있는 것을 가끔 발견할 수 있기 때문이다. 그날도 운이 좋았다. 시집 코너를 둘러보다가 낯익은 이름 하나가 퍼뜩 눈에 들어온 것이다. 김필곤 시인의 『이름 없는 풀잎 되어』란 시집이다. 1991년에 진선출판사에서 간행되어 절판된 지 오래된 정가 2,300원의 시집이 한 권은 6달러 47센트, 또 한 권은

6달러 76센트의 가격표가 붙은 채 한 구석에 숨어 있었다. 나는 서가에 남아 있는 두 권을 다 빼 들고 얼른 값을 치르고는 서점을 빠져나왔다.

이름 없는 풀잎 되어,
바람에 풀잎 같은 사람입니다.
풀잎에 바람 같은 사람입니다.
어쩌다 어쩌다가 시인이 되어,
꽃이 피면 꽃 핀다고 울고
꽃이 지면 꽃 진다고 우는
산새로나 살고 있는 사람입니다.
구비 구비 넘어가는
외로운 노래의 그림자 끌고
하현달 속에서나 당신을 만나는
꽃잎처럼 가난한 시인입니다.

— 김필곤, 〈이름 없는 풀잎 되어 3〉

미국에서 돌아오는 길로 화개에 있는 그의 초당을 찾았다. 따뜻한 날씨가 계속되고 곡우가 한 달여밖에 남지 않은데도 봄 가뭄이 극심해선지 차밭은 냉랭하고 차나무는 아직 겨울나무 그대로다. 그나마 뜰 앞에 빨갛게 핀 동백 한 그루와 차밭 한가운데 외롭게 서서 노랗게 피어난 차매화茶梅花 한 그루가 여행에서 돌아온 길손을 수줍게 맞아주는 듯 했다. 황토방 따뜻한 바닥에 앉아 차를 나누기 시작한다. 방 벽 나무못엔 프린터로 찍어낸 초고 시 몇 편이 걸려 있다. "오늘은 그저/ 이름 없는 풀잎 되어/ 빛나는 이슬이나/ 송송이 맺힐 뿐/ 아무런 아무런 생각이 없네." 이렇게 노래하던 차밭의 시인이 이제 컴퓨터로 글을 쓰기 시작한 것이다. 글자판 연습이나 해보면 어떠냐고 쓰던 노트북컴퓨터를 가져다준 것은 작년 여름이었다. 낡은 노트북으로 자판연습부터 시작한 것이 이제 원고와 사진을 이메일로 보낼 만큼 익숙해졌고 산기슭에서 이름 없는 풀잎 되어 살고 있던 농부시인에게도 인터넷 세계로의 문이 새롭게 열리기 시작한 것이다. 네 시면 일어나 가문 차밭에 계곡물을 퍼 나르며 차나무의 목마름을 달래주는 것으로 일과를 시작하는 시인을 따라 나도 잠이 일찍 깨었다. 차가운 물에 세수를 하고 지리산 끝 줄기인 문덕산자락을 오른다. 초당 뒤에 산이 있으니 후산後山이고, 차나무가 자라는 산이니 이곳이 다산茶山이다.

청산은 나의 철학 하늘은 종교
세월은 수류화개 삶은 차 향기
밭이랑에 씨앗 넣는 노동의 기쁨

새 울면 새 운다고 시나 쓰면서
나물국에 단잠으로 충만한 인생

— 김필곤, 〈돌탕관에 돌돌돌돌 차나 끓이네〉

벽에 붙여놓은 그의 시 한 구절을 읽으면서 나누는 차가 한 순배 두 순배를 돌아가는데, 초당 밖을 날던 참새 한 마리가 갑자가 포르릉거리며 날아와 닫힌 유리 창문에 머리를 박아대기 시작한다. 흙벽돌로 지어진 벽 틈새로 새어나간 작설차 향기가 어디선가 날아온 참새의 후각을 자극해서 차 자리로 날아들게 한 것이 아닐는지. 솔거가 그린 그림 위로 참새가 날아왔다는 옛 전설이 다시 살아난 듯하니 이것이야말로 봄날 아침의 길조임이 틀림없다. 장자에 '중순실이中純實而 반호정락 反乎情樂'이란 말이 있다. "순실한 마음이면 어느새 정이 되고 즐거움 되네"라는 정도로 해석해보고 싶은 글이다. 순수한 차인들의 마음이 있는 한 돌아보면 어느 것이라도 아름다운 기쁨이 아닌 것 있겠는가. 우리를 기다리고 있을 좋은 인연을 찾아 어디라도 함께 길 떠날 채비를 차려야겠다.

삿포로 겨울 체험

2013년 겨울 한 달을 삿포로札幌에서 보냈다. 삿포로는 일본 최북단 섬인 홋카이도北海道의 수도로서 일본에서 여섯 번째 큰 도시인데 인구는 200만 정도라고 한다. 도시 역사가 100년쯤 밖에 안 된다고 하는데 백지에 자를 대고 줄을 그은 듯한 완전한 계획도시다. 소세이가와도리創成川通를 중심으로 동서로 양분하고 오도리大通道를 중심으로 남북으로 갈라 도시는 완전히 4등분되어 있다. 그 중심에 삿포로TV탑이 있고 이곳을 기점으로 도로번호가 동서남북으로 각각 1조條, 2조, 3조, 4조로 계속 뻗어나간다. 내가 머문 곳은 오도리 서西15조쯤 되는 곳이다. 주변에 도지사 관사, 예술문화회관, 교육문화회관, 근현대미술관 등 문화시설이 밀집해 있고 센리큐千利休의 대를 이어 일본 다도의 중심으로 알려져 있는 우라센케裏千家 다도회관도 자리 잡고 있다.

설국에서의 다도 체험

다도회관에서 소개해준 다도 선생의 다실을 방문했다. 지하철로 열 정거장 정도 떨어진 도시 외곽에 다실이 있었다. 10년째 차를 배우고 있다는 여인이 지하철역에서 나를 기다렸다. 우에다라고 자기를 소개하면서 나이는 스물여덟 살이라고 했다. 집에는 스즈키 선생과 문하생들이 기다리고 있었다. 아파트 내부를 개조해서 한쪽에 일본식 다실을 꾸몄다. 다다미 여덟 장이 깔린 네 평 남짓한 작은 다실이고 그 앞에 역시 다다미가 깔린 전실과 주방이 있었다. 다실 정면 벽에 '화심和心'이라고 쓴 족자가 걸려 있고 다다미 바닥 한가운데를 네모나게 파서 화덕을 묻었다. 솥을 걸고 숯불로 물을 끓이기 위한 시설이다. 우에다가 우라센케 다도의 규칙에 따라 다도 시연을 시작한다.

다실에 들어갈 때부터 무릎을 꿇고 바닥을 훑으면서 기어들어가 정면의 족자를 향해서 경의를 표한다. 차에 대한 경건한 마음을 다짐하는 행위다. 그리고는 다시 무릎으로 방향을 바꿔 자리를 찾아 앉는다. 화로를 청소하고 화로에 불쏘시개와 숯을 대신할 차콜을 넣고 향기를 내는 흰색 나뭇가지를 올려놓은 후 불을 붙인다. 불 위에 올려놓은 무쇠 주전자 속의 물은 이미 반쯤 끓여놓았다. 물이 완전히 끓은 후 대나무 국자로 물을 떠내어 다완茶碗에 붓는다. 다완에는 한 스푼의 녹차가루가 담겨져 있다. 차선茶扇으로 거품이 날 때까지 다완 속을 휘저은 후 하얀 거품이 일어난 차를 내 앞에 놓는다. 두 손으로 공손히 차완을 받아든 후 두세 번에 걸쳐 마신다. 차를 마시기 전에 먼저 앞에 놓인 달콤한 다식을 입에 넣고 녹여 먹는다. 이미 여러 번 경험했던 것과 별다르지 않은 일본 다도의식이다. 한국의 차인들에겐 지루하고 까다로워 언뜻 생각하기엔 무의미해 보이는 복잡한 의식을 배우고 숙달하기 위해 이들은 수십 년 시간을 투자한다고 한다. 우리의 자연스러운 차법에 비하면 우스꽝스럽기도 한 절차이지만 이들은 이것이 전통적으로 내려온 의식이기 때문에 계승해가고 있을 것이다. 일본의 다도 문화를 비난할 필요는 없다. 물론 우리가 이것을 따라갈 필요는 더욱 없겠지만 말이다.

편안한 분위기에서 자연스럽게 우러나는 부드러운 손놀림과 청아한 우리 차의 맛. 이것이야말로 그 다실에 걸려 있는 족자가 말해주는 진정한 화심和心이 아니었을까.

그들의 시연이 끝난 후 나는 내 차를 우려내어 그들에게 대접했다. 화개에서 자라난 첫물 찻잎을 따서 손으로 덖어낸 녹차와 발효차 두 종류를 봉지에 넣어온 것이다. 실습을 하던 사람들이 이제는 내 앞에 앉았다. 그들로서는 처음 맛보는 한국 차의 맛이며 처음 보는 한국의 차례일 것이다. 편안한 분위기에서 자연스럽게 우러나는 부드러운 손놀림과 청아한 우리 차의 맛, 이것이야말로 그 다실에 걸려 있는 족자가 말해주는 진정한 화심和心이 아니었을까.

회색 승복의 비밀

일본 최북단에 위치한 섬이라선지 홋카이도에는 유난히 눈이 많다. 본래 눈이 많은 고장인데도 그해에는 평년보다 1.5배의 눈이 내렸다고 한다. 우연히 만난 이곳 여인에게서 뜻밖의 질문을 받았다. 왜 한국의 승복은 회색이냐는 것이다. 너무나 당연하게 생각했던 일이라 얼른 답이 나오지 않았다. 그는 덧붙였다. "일본의 승복은 검은색이거든요." 인터넷에 들어가 몇 군데만 클릭하면 정답은 금방 찾아질지 모른다. 아마도 중국에서 불교가 들어올 때 승복도 같이 전래되었다는 대답이나 불가에서 잿물염색이 가장 실용적이었다는 대답도 찾아낼 수 있을 것이다. 그렇게 쉬운 방법으로 답을 찾고 싶지는 않았다. 그 질문이 이곳에 머무는 동안 나의 화두가 되었다.

눈이 심하게 내리는 날, 조잔케이定山溪 온천의 노천탕에 앉

삿포로 조잔케이 온천에서 바라본 겨울 풍경.

아 하늘을 올려다보면서 한없이 앉아 있었다. 아침부터 내리는 눈발은 점점 더 굵어지고 사각 천정 위로 떠 있는 하늘은 그대로 짙은 회색빛이었다. 멀리 구름 사이로 하얀 해가 떠 있었다. 아, 이것 때문일까! 순간적으로 머리를 스쳐간 생각이었다. 하늘은 온통 회색이었다. 검지도 희지도 않고 붉지도 푸르지도 않은, 아니면 그 모든 것을 다 하나로 융합해놓은 원융圓融의 색깔, 그것이 회색이었다. 기독교는 사람을 흑백으로 분명히 구분한다. 회개하고 예수를 구세주로 받아들인 선인善人이 백이라면 그밖에는 모두 죄인이고 흑이다. 내가 아는 불교엔 그런 구분이 없다. '승속僧俗의 구분은 있다지만 스님도 미혹하면 중생衆生이

되고 중생도 깨달으면 바로 스님일 것이니 사람의 본성은 원래 회색일 것이다.'

이런 생각들이 부지런히 머리에 떠올랐다가 사라져갔다. 이 본성을 깨닫는 것이 바로 해탈이 아닐까. 동양에서 오방색이라 일컫는 흑, 백, 적, 청, 황색을 모두 섞으면 회색이 나오는 것은 아닐까. 동서남북과 중앙을 청백적흑과 황색의 다섯 가지 색으로 표현하는 것이 오방색 개념이다. 어디서 보나 바다는 푸르고 땅은 누렇지만 하늘은 그렇지 않다. 푸른 하늘을 볼 수 있는 날이 한국에선 흔하지만 하늘이 늘 회색으로 보이는 나라도 많을 것이다. 회색은 바로 동서남북중東西南北中, 그 위에 떠 있는 무한한 하늘을 상징하고 한국 불교는 바로 그 무한을 지향하는 것이 아닐까. 다음에 그녀를 만나면 이렇게 대답해줘야지 하고 생각했다. 아마 그녀는 이렇게 응수할지 모르겠다. "재미있는 해석이네요. 그럼 일본 승복은 흑색이니까 일본 불교는 북쪽을 지향한다는 해석이 가능한 거네요." 한류를 사랑하고 한국 불교에 관심을 갖고 있는 한 일본 여인이 무심코 던져준 화두를 이리저리 굴리며 눈 내리는 날의 노천 온천은 나에게 훌륭한 명상의 장소가 되어주었다.

증정 예찬

미인의 눈썹을 닮은 예리한 초승달이 나뭇가지 사이에 걸린 채 서쪽 하늘에 떠 있다. 이른 봄, 밤기운은 아직 쌀쌀한데 건조한 대기가 한 번씩 흙바람을 일으킬 때마다 가마 속 불길은 여인의 춤사위처럼 요염하게 너울거린다. 밖에 설치된 온도계는 한낮 무렵부터 불 때기 시작한 내부 온도가 이미 1천 도를 넘어섰음을 보여준다. 자연적인 언덕의 경사면을 따라 5단으로 설치된 길이 10미터쯤 되는 오름 가마는 맨 아래쪽에 굵은 장작을 때는 아궁이가 있고 계단마다 결에 따라 잘게 갈라낸 가는 장작개비를 던져넣는 쥐구멍 크기의 불문을 하나씩 옆에 달고 있다. 그 불문 밖으로 삐어져 나와 혓바닥처럼 널름거리는 불의 외염이 선홍색인데 비해 이글거리며 타오르는 속 불의 색깔은 빨갛다 못해 흰빛까지를 띠고 있다. 그 안에 1천 도가 넘는 열을 맨 몸으로 받으며 분청 물 항아리가, 청자 다완이 그리고 다관과 찻잔들이 단정하게 앉아 있는 모습들이 불꽃 틈새로 언뜻언뜻 눈에 들어온다. 천불전 안 가지런히 앉혀진 작은 불상들의 균형 잡힌 모습을 연상케 하는 한 폭의 그림이다.

불을 땔 때는 무엇이 가장 중요하지요? 내가 묻는다. '중中'과 '정正'이지요. 그가 대답한다. 중은 균형이고 정은 평상심이다. 화력이 못 미쳐선 안 되지만 지나쳐도 안 되는 것을 '중'이라 한다면, 선승이 화두를 움켜잡듯 '오직 모를 뿐'의 마음으로 불 가늠에만 몰입하는 정성을 '정'이라 할 수 있을 것이다. 그렇다면 도공이 말하는 불의 마음이란 초의 스님이 『동다송』에 남겨놓았던 '중정'의 정신과 무엇이 다를 것인가. "물이 끓다 말아서는 안 되지만 너무 끓어서도 안 된다. 차의 양이 너무 많으면 쓴맛이 나고 향은 묻혀버린다. 물의 양이 많아서는 맛과 냄새가 다 흐릿해진다. 너무 일찍 걸러내면 다신茶神이 우러나지 않고 시간을 너무 끌면 향기가 사라진다." 불과 물과 차에 균형을 취하고 평상심을 지킬 때 다도가 완성되듯이 불길을 고루 닿게 하고 온도를 고르게 유지하며 깨끗이 비운 마음으로 불에만 열중하는 일이 이제 작품의 완성을 눈앞에 둔 도공에게 마지막으로 남겨진 작업일 것이다.

그러나 중정의 마음이 어디 비단 차인이나 도공에게만 필요한 것이겠는가. 현대무용 작품 하나를 대학로에 있는 문예회관(아르코예술극장의 전신) 대극장에서 보았다. 그 제목이 특이하게도 제1부는 '중中'이고 제2부는 '결결여여如如'였다. 작품을 본 후 『예술세계』 잡지에 나는 다음과 같은 평을 실었다.

> 막이 열리면 무대 중앙에 큰 북 하나가 뉘어져 있고 네 명의 무용수가 북을 중심으로 사방에 자리 잡아 균형을 취하고 있다. '중中'은 공간의 중심이며 시간상으로는 정오이고 기氣의 세계에서는 균형을 의미한다. 힘이 모아지는 곳이기 때문에 '중'은 바로 힘power의 원천이기도 하다. 무용수들이 균형을 깨지 않으면서 탑돌이 하듯 북 주위를 돌며 활기찬 움직임을 보여준다. 빠른 타악기 소리에 맞춘 자유롭고 거침없는 동작들이 역동적으로 펼쳐지는 무대는 밝고, 펄럭이는 앞가리개가 붙은 흰색 상하의가 동적인 이미지를 더해준다.
>
> 2부의 '결결여여'는 17분간 독무獨舞로 계속된다. 새의 날개처럼 퍼덕이는 양팔의 결연한 움직임이 큰 물결이라면 손가락의 예리한 움직임은 잔물결이다. 제목으로 붙인 '결결'은 바로 이러한 크고 작은 파동을 의미한다. 물결, 바람결, 숨결 등 모든 결들을 순환하는 에너지가 외부로 표출되는

차인과 도공과 무용가가 함께 느꼈던 '중정'을 이 시대에 우리는 어떻게 실천해가야 할까.

모양이라 한다면 비록 그 표면엔 풍랑이 일고 변화가 무쌍하지만 내면은 언제나 고요한 '여여如如'의 모습이어야 한다는 무용가의 주장이 읽혀진다.

무용가가 춤으로 표현하고자 했던 '중'이나 '여여'의 세계가 차인들과 도공이 말하는 '중정'과 다를 바 없고, 불가에서 말하는 진정한 깨달음의 단계와도 다르지 않을 것이란 생각에 잠겨본다. 차인과 도공과 무용가가 함께 느꼈던 '중정'을 이 시대에 우리는 어떻게 실천해가야 할까. 초의의 낡은 책 속에서 파내고 컴컴한 다실의 현판에서 떼어내 점점 더 균형과 평상심을 잃어가는 시대의 한복판에 걸어놓고 우리의 일상 속에 뿌리 내리게 해야 할 때가 바로 지금이 아닐까. 차인들이 그 일에 앞장서야 하는 것이 아닐까. 그러나 "무너져 버린 균형을 회복하고 평상심으로 돌아가기 위해선 우리가 무엇을 해야 할까요?"라는 질문을 던진다면 조주趙州 선사는 아마 지금도 "차나 마시고 가게" 하고 답할지 모르겠다. "차를 마시고 나서는 어떡할까요?" 하고 재차 채근한다면 그는 죽장자로 내 어깻죽지를 내리치면서 다음과 같은 시 한 편이라도 던져주지 않을까. 그냥 잠잠히 있으라는 듯이…….

밤중 법당의 종소리가
이승을 흔든다.
대청에 앉아
달빛으로 마루를 닦던
조실스님
나비가 되어
첩첩 산중 밤하늘로
푸드득
날아간다.
산을 벗어나
세계를 벗어나
새벽을 부수고
온갖 바다 심장에 뿌리는
그분의 수정
말씀과 이슬.

— 이성선, 〈법당 마당〉

모란의 달, 차의 날 그리고 모란미술관

오월은 금방 찬 물로 세수를 한 스물한 살 청신한 얼굴이다.
하얀 손가락에 끼여 있는 비취가락지다.
오월은 어린 앵두와 딸기의 달이요, 오월은 모란의 달이다.
그러나 오월은 무엇보다도 신록의 달이다.
전나무의 바늘잎도 연한 살결같이 보드랍다.

금아琴兒 피천득 선생의 수필 〈5월〉은 이렇게 시작된다. 1996년에 처음 펴낸『인연』이란 수필집에 실린 글이다. 1910년에 태어났으니 86세 되던 해에 나온 책이고 책을 내고서 10년을 넘긴 후에 그는 떠나가고 말았다. 그러나 시인은 정녕 가고

만 것일까. 아니다. 그는 정다운 시로서 살아 있고 살아가는 일생의 모습을 소탈하게 그려놓은 수필 속에 남아 있으며 그를 기리는 사람들의 기억 속에 간직되어 있다. "오월은 모란의 달"이라 했던 것처럼 그에 대한 그리움은 5월의 모란미술관에서 되새김질 쳤다. 이날을 차의 날이라고 기억해주는 사람은 많지 않다. 그러나 모란의 달 25일은 차인들이 가장 반기는 차의 날이다. 비원 앞 운현궁에 전국 각지에서 차인들이 모여들어 전국팔도 차 문화 큰잔치를 열고 화개와 보성, 강진 등 주요 차 산지마다 크고 작은 차 행사가 열린다. 2008년 같은 시간에 남양주시 화도면에 위치한 모란공원에서는 금아의 시비詩碑 제막식이 열리고 있었다.

눈보라 헤치며
날아와
눈 쌓이는 가지에
나래를 털고
그저 얼마동안
앉아 있다가
깃털 하나
아니 떨구고
아득한 눈 속으로

사라져 가는

너

— 피천득, 〈너〉

"눈 쌓이는 가지에 앉아 있다가 깃털 하나 아니 떨구고 아득한 눈 속으로 사라져 가는 너"는 한 마리 새고 그리운 여인이고 소박하게 살다가 떠나간 시인의 모습이기도 할 것이다. 시비 제막식을 마친 사람들이 모란미술관 앞뜰로 모여들었다. 조각가의 손을 빌어 다시 탄생한 생전의 자태가 벤치에 앉은 모습으로 미술관 야외전시장에 설치되어 있다. 오전에 내빈 자격으로 참석했던 차의 날 기념식에서 가슴에 달았던 꽃 한 송이를 그의 조각상 앞에 올렸다. 그곳엔 이미 누군가 미리 가져다놓은 꽃바구니 하나도 놓여 있었다.

모란산을 등지고 서울과 춘천을 잇는 46번 국도변에 북향으로 자리 잡은 모란미술관은 경기도가 지정한 조각 전문 테마공원이다. 1989년 미술관을 처음 개관할 때만 해도 경춘국도변이 모두 허허벌판이었는데 이제는 미술관 옆에 아파트 단지가 들어설 정도로 번잡해졌다. 정문 앞에 문화센터도 들어서 있고 주차장으로 쓰이는 공터를 지나 출입문을 통과하면 촘촘히 들어

모란미술관 전경.

선 나무들이 천연의 울타리를 꾸며주는 안쪽으로 펜타곤 모양의 잔디밭이 곱게 펼쳐진다. 차인연합회 원로들 모임인 차사랑회, 들차회와 다예랑 차모임 등이 심심치 않게 열리던 장소이다. 잔디밭 너머 가장 깊은 곳에 전시장 건물이 아늑하게 들어서 있다. 앞에서 보면 단층이지만 뒤에서 보면 2층이고 지상과 지하에 4개의 크고 작은 전시실이 갖추어진 본관 건물은 건축가 김원이 설계했다. 왼쪽으로 피사의 사탑처럼 비스듬히 서 있는 12층 건물 높이의 모란탑을 호위무사처럼 거느리고 있는 노란색 지붕이 작품 수장고다. 건축가 이영범의 2003년 작품이다. 모란탑 안 천정까지 뻥 뚫려 있는 공간에 로댕의 걸작품으로 꼽히는 '발자크상The Statue of Balzac'이 안치되어 있다. 루브르박물관이 진품으로 인정한 조각 작품이다. 본관 건물 오른쪽에 자그마한 연못이 있고 그 옆에 일자로 지어진 아담한 집이 카페 백련당이다. 한쪽 벽에 페치카가 있고 그 주위로 스무 명 쯤 모여앉아 다담을 나누며 차를 마실 수 있는 차실인데, 다옥 앞쪽으로 옥외 차를 즐길 수 있는 테라스도 마련돼 있다. 본관 건물 뒤편에 통나무로 지어진 아담한 살롱도 숨어 있다.

백련사白蓮寺는 그 뒤에 있다. 현대 불교미술의 성소를 꿈꾸며 2004년에 개창한 예쁜 절이다. 정면 세 칸 측면 두 칸의 팔작지붕의 극락전 옆에 산신각이 있고 전통 한옥으로 지은 요사채가 그 옆에 자리 잡았다. 요사채, 산신각, 극락전, 종무소, 관음보살상이 자갈 깔린 넓은 뜰을 포위하듯 둥그렇게 둘러싼 가람배치가 정겹다. 이승을 떠난 자만이 들어가 쉴 수 있는 영원한 쉼터가 모란공원이지만 그들을 추모하는 사람들의 발길이 끊이지 않는 곳이니 이곳은 또한 산자들의 공간이기도 하다. 공원 입구에 가장 어울리는 건축물이 무엇일까를 고민했다는 이연수 관장, 25년 오래전 그의 결론은 조각 전문 미술관을 짓는 것이었다. 언뜻 어울리지 않을 것 같은 미술관과 공원묘지의 만남. 그러나 죽음이 삶의 변형된 모습이고, 삶의 정화精華가 예술이라면 이보다 더 절묘한 조화를 어디서 찾을 수 있었을까. 차와 절까지 그곳에 함께 있다면 여기에 무엇을 더할 수 있을까.

신록을 바라다보면 내가 살아있다는 사실이 참으로 즐겁다.
내 나이를 세어 무엇하리.
나는 지금 오월 속에 있다.
연한 녹색은 나날이 번져가고 있다.
어느덧 짙어지고 말 것이다.
머문 듯 가는 것이 세월인 것을.
유월이 되면 '원숙한 여인' 같이 녹음이 우거지리라.
그리고 태양은 정열을 퍼붓기 시작할 것이다.
밝고 맑고 순결한 오월은 지금 가고 있다.

피천득 선생의 수필 〈5월〉은 이렇게 끝난다. 시비 제막식에 참석한 손님들을 위해 잔디밭에 마련된 가든파티장을 내려다보며 우거진 녹음보다 더 푸른 초록색 플래카드가 걸려 있다. 차의 날이 있고 또 시인이 태어난 날도 있는 5월, 그래서 더욱 밝고 맑고 순결한 차인을 닮은 '모란의 달' 5월은 금아의 시비를 간직한 모란미술관이 있어 더욱 빛나는 모양이다.

차바람 선바람, 인사동과 맨해튼

번듯한 진입로도 없이 다닥다닥 붙은 건물과 상점들에 둘러싸여 약간은 옹색해보였던 조계사가 대웅전 뒤편에 박물관을 짓고 휴식공원을 만드는 등 주변 정비에 나선 후 훨씬 당당해졌다. 큰길 쪽으로 새로 세워진 일주문 앞 횡단보도를 건너면 인사동으로 들어가는 골목과 바로 연결되는데 그 방향 대신 안국동 사거리 쪽으로 100발짝 정도만 움직이면 선바람, 불심원이란 두 개의 간판이 붙은 건물이 길가에 나타난다. 불심원은 불교용품 가게이고 선바람은 한복 디자이너부티크다. 전통 한복의 멋과 승복의 기품에 모던한 디자인 감각이 더해진 화사한 빛깔의 개량 한복이 쇼윈도에 걸려 있다. 두터운 유리문을 밀고 들어서면 한 가운데 유리 덮인 디스플레이 테이블이 있고,

한 걸음 더 들어가면 고정된 가리개 뒤에 숨겨진 듯 차 자리가 마련되어 있다. 원목 차상에 둘러앉아 네 사람이 차를 나누기에 적당한 나무의자가 벽을 따라 ㄴ자 모양으로 놓여 있는 위쪽에는 붓으로 쓰인 김춘수의 시 〈꽃〉이 걸려 있고 옆에는 재미 화가 천세련의 달빛찻잔 그림이 내려다보고 있는 모습이 아늑한 분위기를 만들어준다. 차 자리의 팽주는 늘 선바람의 주인인 법성해法性解가 맡는다.

조계사 부근에서만 17년 가까이 선바람을 운영해오면서 연륜과 함께 불심도 깊어간 법성해는 어느새 불혹을 넘긴 나이지만 아직도 처녀 모습 그대로다. 명주, 무명, 모시 등 자연 소재에 천연염색을 한 후 직접 디자인해서 만드는 한복의 단골 팬들이 차 자리에 주로 앉는 사람들이다. 다기는 특별한 것이 없다. 동네 가게에서 구한 납작하고 투박한 백자다관과 함께 가까운 사람들이 한두 개씩 가져다주는 소박한 찻잔들로 구색을 맞춰 놓았다. 내놓는 차는 사람들의 차 구미에 맞춰 다양하다. 곡성 태안사 근처 차밭에서 만드는 수제녹차가 주로 있고 스님들이 한 통씩 가져다주는 특산 차에 가끔은 화개에서 보내오는 달빛 발효차를 맛보기도 한다.

법성해가 여기서 만든 옷을 뉴욕에도 보내는데, 플러싱에 있꿈이란 것이 전생의 기억에 연유하면서 다가올 미래를 예지하는 것이라면 꿈을 이루는 일이야말로 불가에서 말하는 인연의 완성일 것이다.

는 '선바람'의 주인은 선묘화禪妙和다. 그를 처음 만난 것은 교환교수로 뉴욕에 머물고 있던 2003년 봄이었다. 그곳 뉴욕 선바람을 처음 방문했을 때 토우土偶 김종희가 만든 2인과 5인 다기를 발견한 것은 기적이라 할 수 있었다. 뉴욕 뉴저지에 거주하는 동포들을 중심으로 차사랑회를 발족한 후, 회원들에게 권해줄 그릇을 구하지 못해 고심하는 중이었기 때문이다. 한국에서 다기를 컨테이너에 실어온 것이 3~4년 전인데 아직도 그릇들이 창고에 가득하다고 한숨을 내쉬는 그를 따라 창고에 들어갔다. 먼지를 뒤집어 쓴 채 박스들이 한 쪽에 쌓여 있었다. 그중에 하나를 내려 박스 속을 들여다본 나는 내 눈을 의심할 수밖에 없었다. 해인사 앞에 요장을 차려놓고 토속적인 다기를 만들다가 얼마 전에 작고하신 토우 선생의 백자와 분청다기가 간직되어 있었기 때문이다. 일부러 고급 다기를 만들지 않고 차인들이 부담 없이 쓸 수 있는 서민적인 다기를 오랫동안 만들다가 작고하신 분이었다. 돌아가신 후 그의 다기들이 자취를 감춰 아쉬웠던 때이기도 했는데 그의 작품들을 여기서 발견하다니! 회원들 숫자대로 다기를 주문하며 행복해하는 나를 바라보던 선묘화도 좋아했다.

전에는 한 해에 한 통도 팔지 못하던 우전차가 몇 통이 나갔는데 요즈음엔 새로 들여온 작설차를 찾는 손님들이 늘어가고 있다면서 흐뭇해하던 모습도 기억난다. 미국 서부 지역을 석권하고 있는 한국 슈퍼마켓 '아씨'와 쌍벽을 이루며 뉴욕을 중심으로 필라델피아와 워싱턴 DC 등 동부 지역을 장악하고 있는 대형 슈퍼마켓 체인인 '한아름'과 맨해튼 코리아타운에 있는 스탠포드호텔, 그리고 '선바람' 가게들은 모두 한 집안이다. 컨테이너 가득 다기를 실어 태평양을 건널 정도로 차 그릇을 좋아하면서도 아직 차 생활에 익숙지 않아 보이는 것이 안타까워 틈틈이 차를 마시며 차 이야길 나누곤 했다. 한국으로 돌아올 때는 아껴 쓰던 우송의 작은 청자 다관과 찻잔 두 개와 함께 "선바람 일으키듯 차바람도 일으키소서"라고 서명한 책 한 권을 주었다. 한국에 돌아온 후에도 그와의 인연은 인사동 선바람을 통해 계속 이어졌다. 양복을 주로 입던 내 옷차림이 개량한복으로 모두 바뀐 것도 그 후부터였다. 계절이 바뀔 때마다 옷집을 드나들고 선바람에 들러서는 단골 고객인 스님들과 함께 차를 마시며 옷과 차와 음식을 이야기했던 일들이 새롭다.

미국 생활 30년을 넘기고 있는 선묘화에게는 평생 동안 이루고 가야 할 숙제가 두 가지 있다. 한국의 젊은 스님들이 자유롭게 기숙하며 공부할 수 있는 절을 미국에 짓는 일과 맨해튼 중심가에 건물을 사들여 한국문화관을 꾸미는 일이다. 문화관 안에 한국박물관과 함께 전통찻집과 공연장을 들일 계획도 가지고 있다. '진재내자眞在內者 신동어외神動於外'(진정이 그 안에 있으면 신이 밖에서 움직여준다라는 뜻)란 말이 맞는 것일까. 좋은 뜻을 가지고 진정으로 원하는 것은 결국 이루어지는 모양이다. 드디어 그가 맨해튼 한복판 코리아타운의 중심에 원했던 빌딩을 장만한 것이다.

저 허공을 아주 천천히
날아가는 새의 몸짓이
저토록 아름다운 것은

광활한 우주를 배경으로
이 땅에 무엇 하나 건드리지도
남겨 놓지도 않고
오직 전심 전력
자신을 밀고 나아가기 때문이다.

설산에 닿을 고절의 울음
날개에 싣고
흐린 달 아래 세상을 비끼어 비끼어 날아
드디어 아무도 없는 곳에 오른

황홀한 춤

돌아가는 이의 가장 아름다운 모습.

……

— 이성선, 〈통화〉

미국인으로부터 어렵게 사들인 5층 건물을 리모델링한 후 1층과 2층에 한류 음식점을 차린 그녀는 3층에 전시장을 겸한 전통찻집을 꾸밀 계획에 한참 부풀어 있다. 작은 공연장마저 그곳에 들어선다면 일찍이 그가 꾸었던 꿈의 절반은 이루어지는 것이리라. 꿈이란 것이 전생의 기억에 연유하면서 다가올 미래를 예지하는 것이라면 꿈을 이루는 일이야말로 불가에서 말하는 인연의 완성이겠지. 연즉불리緣則不離(한 번 맺어진 인연은 떨어질 수 없다는 뜻)란 말도 있으니 그가 뜻했던 대로 언젠가는 스타벅스의 본고장인 미국에서 '선바람'이란 이름의 전통찻집을 만날 수 있으리라는 기대에 내 마음은 한껏 부푼다.

세상 속으로 던진 푸른 화두

회계학과 무용평론, 그리고 차. 어찌 보면 전혀 동떨어진 듯 보이는 세 꼭짓점의 중심에 경희대학교 회계학과 이근수 교수가 서 있다. 지금 마시는 차가 자신의 인생에서 가장 맛있는 차라는 그는 내일 마실 차는 더 맛있을 거라는 기대로 오늘도 찻잔을 든다.

딱딱한 책상과 컴퓨터, 책꽂이를 빼곡하게 채우고 있는 원서들. 으레 연상되는 연구실의 분위기를 짐작하며 문을 열자 중앙을 차지하고 있는 커다란 차탁과 그 위에 늘어선 수십 개의 다기들이 눈에 띄었다. 그리고 그 앞에 앉아 있는 이근수 교수는 벌써 곧 방문할 손님을 위해 찻물을 끓이고 있는 중이었다. 차는 혼자 마시는 게 아니라 더불어 마실 때 더욱 즐겁다는 말을 실감할 수 있을 만큼, 마주앉아 받아든 찻잔이 첫 만남의 어색한 분위기를 훈훈하게 바꾸어줬다.

◆◆◆

교수님께서 쓰신 『푸른 화두를 마시다』라는 책을 재미있게 읽었습니다. 뉴욕에서의 교환교수 시절 맨해튼 한복판에서 들차회를 열었던 이야기나 미국의 대학에서 차와 관련해 강연하셨던 이야기가 인상 깊었는데요. 세계인이 바라보는 우리 차 문화는 어떠한가요?

전 세계적으로 동양 문화에 대한 관심이 높아지기 시작하면서, 중국과 일본에 비해 상대적으로 덜 알려진 한국 문화를 궁금해하는 사람들도 늘어났어요. 이런 관심을 반영하듯 2003년 봄 코넬대학에서 '차의 계절'이라는 타이틀 아래 동양 삼국의 차를 소개하는 행사가 있었지요. 저는 '형식성을 넘어선 실질 중심'이라는 제목으로 우리 차례茶禮의 고유한 멋을 강조했고요. 군더더기를 배제하고 본성에 가장 충실한 차가 우리 차라는 점과 함께 자연주의와 실질주의로 우리 차의 특징을 표현했습니다. 강연이 끝난 후에는 직접 차를 대접하기도 했고요. 몇 년 전만 해도 한국에 차가 있다는 사실조차 모르는 사람들이 대부분이었지만, 지금은 우리 차에 관심을 보이는 사람들이 부쩍 늘어났어요.

2004년부터 미국 한국학교협의회의 한국학 국제교육 학술대회에 꾸준히 참여해오신 걸로 압니다. 어떤 의미에서 직접 강연하시게 됐나요?

미국 대학에서의 행사나 개인적인 만남을 통해 한국의 차를 전파하는 건 한계가 있어요. 그런 세미나가 정례적인 것도 아니고, 또 제가 1년 내내 미국에 머물 수도 없고요. 그래서 생각해낸 방법이 1차적으로 미국에서 살고 있는 한국인 교사들에게 우리 차를 알리는 거였습니다. 그 교사들이 한인 학생들에게 우리 차를 소개하고, 또 그 학생들은 현지인들에게 자연스럽게 우리 차를 전파시킬 수 있을 테니까요. 이번 여름에도 올랜도에서 열린 행사에 다녀왔는데, 4일간 700여 명의 사람들이 참여했어요. 그중 절반 이상의 사람들이 제가 연 다방에서 차를 마시며 우리의 차 문화를 직접 경험했습니다.

재직 중이신 경희대학교에서도 우리 차 문화와 관련한 강의를 하시나요?

매 학기 '차 문화의 과학과 미학'이라는 교양과목을 가르칩니다. 네 명의 교수가 함께 강의를 하는데, 차의 문화와 역사에 관해서는 제가, 차나무와 차의 산지에 관한 강의는 지리학과 교수가, 그리고 차의 식품학적 가치에 대해서는 식품영양학과 교수가, 또 차시와 미학에 관한 강의는 국문학과 교수가 가르치고 있죠. 2주간은 실습을 나가 학생들이 직접 차를 우려내고 시연하게 합니다. 늘 정원을 채우는 인기 과목인데, 한 학기에 최소 50명씩은 우리 차 문화에 대해 눈을 뜨게 되는 셈이지요.

학생들에게만 알려주시는 우리 차를 잘 마시기 위한 교수님만의 비법이 있으신가요?

저는 늘 '3의 법칙'를 강조합니다. 끓인 물을 숙우에 넣어 3분간 식히고, 3그램의 차를 다관에 넣어 3분간 우려내는 거죠. 또 차를 따를 때는 한 번에 따르는 것이 아니라 농도가 같아지도록 3분의 1씩 3회에 걸쳐 따라야 합니다. 한 번 찻잎을 넣으면 세 번 정도 우려내어 마시고요. 물론 최고의 차 맛을 즐기기 위해서는 차의 종류에 따라 조금씩 마시는 법도 달리 해야 하겠지만, 어떤 차든 이 법칙만 적용한다면 어느 정도의 맛은 즐길 수 있을 거라고 봅니다.

차와의 첫 만남은 어떻게 이루어졌나요?

우연히 개운사에서 차를 마시는 자리에 참석하게 됐어요. 그런 자리를 반복하다 보니까 조금씩 차가 좋아졌는데, 무언가를 한 번 시작하면 깊이 빠져드는 성격 탓에 그때부터 차를 좀 더 공부하고 가르치게 된 거죠. 저는 매일 지금 마시는 차가 가장 맛있는 차라는 기분으로 차를 마십니다. 차를 받아들이는 제 마음은 언제나 설렌다고 할까요.

회계학 교수시면서 차에 대한 강의와 연구도 하시고, 또 무용평론까지 쓰신다는 점이 참 흥미롭습니다. 아무런 연관관계가 없는 듯한 세 가지를 어떻게 아우르고 계신가요?

차는 누구나 좋아할 수 있는 우리 문화잖아요. 회계학 전공자가 차를 즐긴다고 해서 이상할 건 없겠죠. 제 직업이 누군가를 가르치는 거다 보니 자연스레 제가 공부한 차에 대해서도 가르쳐야겠다는 욕심이 생겼어요. 또 회계와 무용은 알고 보면 참 닮은 점이 많습니다. 두 가지 모두 밸런스를 중요시하고, 회계가 재무제표의 이해관계자를 위해 존재한다면 무용은 관객을 위해 존재한다는 점에서도 비슷해요. 경희대학 경영대학원 문화예술경영학과에 개설된 '문화예술단체의 회계와 세무'나 '차 문화의 미적 경영' 같은 과목은 두 분야를 모두 아는 저 같은 사람이 아니면 가르치기 힘들겠죠. 언젠가는 차와 무용, 그리고 회계에 관한 이야기를 한데 묶어 소설로 쓸 계획도 가지고 있습니다.

◆ ◆ ◆

뚜껑 없는 깨진 다관과 금으로 때운 다관. 이근수 교수는 언젠가 차 전문 박물관을 열 욕심으로 자신의 손때 묻은 다기들을 소중히 모으고 있다.

(『O'sulloc』 2009년 가을호 게재, 윤현영 글)

순청온공의 차 세계

차시인 김필곤 쓰다

후산後山의 다도 정신은 순純, 청淸, 온溫, 공恭에 있다. 이것은 다도 정신에 앞선 그의 성품이고 성질이며 성정이고 성격이다. 이 화두 속에 그의 호흡과 맥박과 체온과 정신이 외유내강의 모습으로 함축되어 있는 것이다. 순수와 청정과 온화와 공손은 제대로 익은 가을 열매처럼 진선미가 조화를 이룬 자기 세계가 구축되었을 때 비로소 나타나는 정신의 형상이고 마음의 향기인 것이다.

후산과 차茶의 인연은 그 사연을 세세하게 짚어 볼 것도 없이 자연이고 절로였다. 차를 찾고 부르기도 전에 차 스스로가 미묘하다 못해서 장엄하기까지도 한 색향미를 끌고 후산거사를 찾아온 것이라고나 할까. 언제나 차 자리를 함께 해봐도 우리들 주변에 지천으로 깔린 그런 차인이 아닌 본질적인 차인이 후산이다. 차와의 만남이 세상에서 어디 보통 인연이고, 차 생활을 즐기고 살아감이 우리들 인생살이에 얼마나 큰 축복인가, 우리들이 후산과 차 자리를 함께 할 때마다 "아! 참으로 멋지고 행복한 차인이구나!"라는 느낌을 떠올리게 되는 것도 그가 생래적이고 천생적인 차인이기 때문일 것이다.

순청온공은 후산의 다도 미학과 다도 철학의 정신세계이며 나아가 그의 인생관과 세계관까지도 고스란히 깃들어 있는 화두라고 볼 수 있다. 이 순청온공의 다도 정신은 화석이 되어가는 관념의 껍질을 타파하고 혈맥이 뛰고 혼이 숨 쉬는 생명체로서의 형상화를 이룩했기에 더욱 품격이 높을 뿐만 아니라, 그가 모락모락 피워 올리는 차의 색향미의 차원에서 머무르지 않고 기운과 신묘와 성스러움까지를 피워 올려 색향미기신성色香味氣神聖의 다도육덕茶道六德을 이루어 준다. 다도무문茶道無門이고, 차인불기茶人不器다. 후산은 어떤 차 단체나 어느 다도 유파에도 관계하질 않고, 진정한 다심茶心과 다정茶情과 다신茶神이 있는 곳이면 사람들과 어울려 자유롭고 편안한 마음으로 차를 마신다. 차는 목적이 아닌 하나의 방편이기에 후산은 한 잔의 차를 통해서 자신과 타인을 포함한 우리들 이웃과 세상이 더욱 건강하고 풋풋해져서 진선미가 샘솟는 삶을 영위하자는 데 큰 뜻을 두고 있다.

그의 종교관 하나만 보더라도 기독교와 불교와 선도교仙道教를 무애로 넘나든다. 종교의 궁극이 초월과 자유와 평화에 있다면, 날마다 그는 찻잔을 비우듯 몸과 마음을 비워내기에 그것이 가능한 것이다. 후산의 큰 화두는 순청온공이지만 그가 들고 있는 찻잔의 여백에는 소담素淡과 경근敬謹과 청아淸雅와 한적閑寂과 정일靜逸과 검손儉遜과 평온平溫과 무심無心의 다도팔덕茶道八德이 숨어 있다.

바쁜 가운데서도 지혜롭게 한적의 시간을 얻어서 홍겨운 마음으로 차를 끓이곤 한다. 격식에 얽매이질 않는 그의 차 생활은 매일매일 차를 끓이고 마시니 한 달이면 한 통의 차를 비우게 되고 열두 통을 비우면 일 년 열두 달이 비움에서 시작해서 비움으로 끝나는 것이다. 후산 다도에서 가장 중점을 두고 있는 '그리움'이라는 것도 빈 찻잔과 빈 마음에만 고여 드는 영원의 달빛이며 자연의 음악임을 알 수 있다. 홀로 마시는 차 자리일지라도 그는 언제나 자유로움과 함께 경건함을 가지며 격식이 없으면서도 겸손함을 잃지 않는다. 넘치지도 않고 모자라지도 않는 미묘하다고 밖에 달리 표현할 수 없는 중정中正의 세계가 산유화 절로 피듯 『다반향초 수류화개茶半香初 水流花開』로 피어나는 것이 후산의 세계다.

후산의 다도 정신은, 첫째로 그리움의 미학이고 둘째로 비움의 미학이다. 셋째로 초월의 미학을 추구하며 넷째로 합일의 미학을 이루어서 차의 여신女神과 함께 오늘도 뒷동산을 거닐고 있는 것이다.

그리움의 미학

그리움의 다도 미학과 차 정신은 순청온공에서 찾을 수 있다. 그리움의 다도 미학에는 순청온공뿐 아니고, 비움의 다도 미학, 초월의 다도 미학, 합일의 다도 미학까지도 관련되어 있는데, 굳이 갈래를 나누자면 그리움의 다도 미학은 '순純'에 해당한다고 볼 수가 있다. 후산은 '한국의 차 정신'을 논한 그의 글에서 '순'을 다음고 같이 풀이하고 있다.

> 순純은 순수함, 온전함, 부드러움, 천진함, 전일함의 훈을 가지며 순결, 순박, 순리, 순진, 순실로 쓰이고 있다.

순수해야만 그리움의 색향미가 돋아나는 것이다. 순은 후천적인 수련과 수양에 의해서보다도 선천적으로 타고나는 심정이고 심지이며 심덕이다.

그리움도 근거리적이고 유형적인 그리움이라면 몰라도, 다도 미학에서의 후산의 그리움은 생래적이고 선천적이며 생태적인 그리움이다. 후산거사는 그리움 때문에 차를 마시고 그리움을 완성키 위해서 차를 마시는 것이다. 그리움이란 가까이서 잡히는 것이 아니고 좀처럼 잡을 수가 없는 아주 멀고 아득함이다. 저 산 너머로 피어오르는 아득함의 흰 구름 속에는 후산이 진실로 희망하고 희원하고 희구하는 연녹색 이슬비가 깃들어 있다.

실핏줄같이 가느다란 찻잔의 틈 사이로
쏘옥쏘옥 배어드는 찻물의 녹색 빛깔은
바로 그리움의 모습일까.

그리움이 진하여 찻물이 되면
차가 된 그리움은 다시
파리한 찻잔에 외로움으로 돋는다.

산자락엔 물 흐르는 소리
뜰에서는 물 끓는 소리

찻잔 위에 둥둥 떠 있는 것은 기다림.

— 이근수, 〈차의 그리움〉

후산은 〈차의 그리움〉이란 시에서, "그리움이 진하여 찻물이 되면/ 차가 된 그리움은 다시/ 파리한 찻잔에 외로움으로 돋는다"고 했는데, 이 시에서 말한 '그리움'과 '외로움'은 모두가 실존적인 그리움이요 외로움인 것이다. 매일매일 찻잔을 비우듯이 몸을 비우고 마음을 비우고 자기를 둘러싼 세계까지도 모두 비워서 초극하고 초탈하고 초월해야만 완성시킬 수 있는 것이 그리움의 실체고 외로움의 실상이다. 그래서 그는 어제도 진한 그리움의 찻잔을 비웠고 오늘도 향기로운 그리움의 찻잔을 비우고 있으며 내일도 또한 무심한 그리움의 찻잔을 비울 것이다.

비움의 미학

찻잔을 비우듯이 마음을 비워서 순수해지고 맑아져야만 비로소 아득한 그리움이 고여드는 것이니, 그리움의 다도 미학 속에는 이미 비움의 다도 미학도 깃들어 있다. 순청온공에서 비움의 미학은 청淸에 가깝다. 후산은 청을 다음과 같이 풀이했다.

청淸은 맑음, 고요함, 조촐함, 청렴함이란 훈을 갖고 있으며, 청결, 청아, 청량, 청정, 청검, 청렴 등과 함께 쓰인다.

맑다는 것은 깨끗함이고, 깨끗함은 투명함이며, 투명함은 비어 있음을 뜻한다. 아득히 비어 있는 맑고 푸른 하늘을 바라보아야 그리움의 얼굴이 보이는 것이다. 비운다는 것은 마음을 무겁고 어둡게 만들어서 참으로 소중한 진선미의 세계를 가리우는 헛된 탐욕을 비운다는 뜻이다. 비운다는 것은 그냥 버리거나 없애는 것과는 좀 다른 깊은 의미를 함축하고 있다. 물욕이든 물심이든 물정이든 담겨 있는 것을 비우는 행위는 그리움(진선미)을 담기 위해서이다. 찻잔을 비우고 또 끊임없이 비우는 것도 텅 빈 찻잔 속에 그리움의 청정한 새벽이슬을 고이게 하기 위함인 것이다. 그러므로 후산은 비우는 찻잔 하나와 텅 빈 찻잔 하나를 언제나 쓰고 있다. 그의 아득한 그리움의 영토에 비우는 찻잔 외에 언제나 텅 빈 찻잔 하나가 함께 놓여 있기에 사색과 명상이 담길 수 있고, 그리움의 흰 구름이 머물다 갈 수 있으며 자유와 평화가 내재한 허허로운 충만을 즐기는 것이다. 비움의 다도 미학은 다도세계에서만 엿볼 수 있는 텅 빈 찻잔 하나의 현묘한 미학이다.

초월의 미학

초월의 다도 미학은 비움의 다도 미학 속에 이미 포함되어 있는 것이다. 초극과 초탈과 초월이 없으면 우리들이 영원히 희구하는 자유와 평화와 환희의 푸른 초원에 이를 수가 없다. 초월은 보다 고차원적이고 정신적이며 영성적인 삶의 시작이자 형이상학적인 창조 행위이다. 순청온공이 초월의 다도 미학 속에 녹아 있지만, 애써 구분해 담아 보자면 공恭에 그 무게가 실리는 것 같다. 공은 공손하고 공경하는 마음 자세다. 후산은 공을 다음과 같이 풀이하고 있다.

> 공恭은 공손함, 공경함, 엄숙함, 받듦의 훈을 가지며 공검, 공겸, 공순, 공대, 공경 등과 같이 쓰인다.

물욕과 물심과 물정을 초극하고, 아만과 아집과 아상을 초월해야만 스스로 공손해지고 삼라만상에 대하여 외경심과 공경심을 지니게 된다. 후산거사의 다도에서는 자기 홀로 차를 마실 때조차도 겸허하고 공손하며 외경하는 마음 자세를 보여 주고 있다. 진정한 의미에서 자기를 비웠을 때, 자기(에고)를 초월하는 것이며 그래야만 다도의 껍질을 벗어버린 본질의 세계에서 다도의 색향미기신성을 함께 할 수가 있으며 나아가 다신茶神과의 합일이 가능한 것이다.

합일의 미학

합일의 다도 미학은 그리움의 완성이며, 진선미의 저 언덕에 이르렀음을 의미한다. 그리움의 완성이란 순수한 그리움이 되는 데 있다. 그리움은 본래부터 순수한 것이고 더욱 더 아득해진 것이다. 잡고 싶은 그리움이 아니라, 지그시 눈 감고 미소 지으며 바라다보는 그리움이 완성된 그리움이다. 그리하여 그런 경지의 그리움의 실체와 실상이 진선미 바로 그것이다. 비우는 찻잔 하나와 텅 빈 찻잔 하나로 그리움의 실상에까지 도달을 하고, 고요한 환희심이 피어오르는 진선미의 초원에서 노는 것이니, 후산은 행복하게도 이미 합일의 다도 미학을 이루었다고 볼 수 있다. 합일의 다도 미학은 손청온공에서 온溫에 가깝다. 온유함, 온화함, 온자함이다. 후산은 온을 다음과 같이 풀이했다.

> 온溫은 따뜻함, 부드러움, 데움, 화함, 온자함의 훈을 가졌으며 온유, 온화, 온기, 온량, 온정, 온후 등의 단어로 쓰인다.

온유와 온화와 온자는 부조리한 갈등이나 선악의 차별 개념을 말끔히 지워낸 부드럽고 따뜻하고 인자한 사람의 성정이고 자연과의 화합과 합일이 이루어진 상태일 것이다. 후산 차의 신비한 부호는 비우는 찻잔과 텅 빈 찻잔에 있으며, 그의 차생활의 궁극적인 지향점은 그리움과 비움과 초월과 합일을 통해서 자연의 일부가 되는 고요한 환희심을 얻는 데 있다고 결론지을 수 있을 것이다.

그리움의 차도
후산 이근수의 풀잎연가

초판1쇄 발행 2015년 2월 23일
초판2쇄 발행 2017년 12월 28일

지은이 이근수
펴낸이 조인원
펴낸곳 경희대학교 출판문화원

주소 서울시 동대문구 경희대로 26
전화 02-961-0106~8, 팩스 02-961-0291
설립 1960년 9월 16일 제5-8호
등록 1977년 11월 8일 제6-5호
홈페이지 www.khupress.com
전자우편 press@khu.ac.kr

ISBN 978-89-8222-485-0 03810

룩스문디는 경희대학교 출판문화원에서 펴내는 교양서 임프린트입니다.